JN023987

［新版］企業戦略論

Strategic Management and
Competitive Advantage:
Concepts Sixth Edition

上

戦略経営と競争優位

ジェイ B. バーニー
ウィリアム S. ヘスタリー 著

岡田正大 訳

基本編

ダイヤモンド社

STRATEGIC MANAGEMENT AND COMPETITIVE
ADVANTAGE: CONCEPTS
[GLOBAL EDITION], 6th Edition,
by
BARNEY, JAY B. and HESTERLY, WILLIAM

Authorized translation from the English language edition, entitled STRATEGIC
MANAGEMENT AND COMPETITIVE ADVANTAGE: CONCEPTS [GLOBAL EDITION], 6th
Edition, by BARNEY, JAY B.; HESTERLY, WILLIAM, published by Pearson Education,
Ltd, Copyright © Pearson Education Limited, 2020

JAPANESE language edition published by DIAMOND INC, Copyright ©2021
Electronic JAPANESE language edition published by DIAMOND INC, Copyright ©2021

JAPANESE translation rights arranged with PEARSON EDUCATION, INC. through
ENGLISH AGENCY (JAPAN) LTD., THE, TOKYO JAPAN

訳者まえがき

Translator preface

　本書は、日本語による翻訳出版のなかで説明すれば、2003年に公刊された『企業戦略論』上巻・中巻・下巻(ジェイ B. バーニー著、岡田正大訳、ダイヤモンド社)の後継版という位置づけになる。実際のところ、同書は訳者の想定を超えて、多くの大学の科目やゼミで、学生、研究者、あるいは一般社会人の方々によって読まれることになった。この点に関して、訳者としては望外の喜びであった。

　その後、英語版の原著 *Gaining And Sustaining Competitive Advantage 2nd ed.* には改訂が重ねられ、さらにはバーニー教授がオハイオ州立大学からユタ大学へ移り、同大学のヘスタリー教授との共著に変わって、学部向けの内容に改訂された。そして、そこでもさらに版が重ねられた。本書の原著は、この共著による第6版、*Strategic Management and Competitive Advantage: Concepts*(戦略経営と競争優位 概念編)Global Edition(2020年公刊)である(同じ内容でケースがついた、概念・ケース編もある)。

　本書と2003年刊の『企業戦略論』(翻訳版、以下旧版)との大きな違いは、想定読者である。2003年刊の主たる想定読者は、ＭＢＡ学生と博士課程の学生、ならびに戦略に携わる実務家であった。記述される理論の説明や参考文献の掲載形式も、学術的色彩の濃いものであった。

　一方、この2020年版(原著)は、より広い読者を想定し、平易で、事例に基づく説明を重視している。大学学部の経営戦略初学者、ＭＢＡ生、一般社会人が想定読者である。

　そのため、学術的厳密性を担保するような言い回しは変更され、現実社会で理解しやすいような表現に切り替えられている。その意味では、学術性を高度に要求される博士課程の学生は、むしろ旧版をベースにしてまず理解し(できれば原著で)、そのうえで最新の研究論文は自分で補強していく作業を行えば、戦略理論分野における文献研究の一環として非常に有効であろう。

なお、旧版にあった学術成果の記述の一部は各章に設けられたコラム「関連する学術研究」および「より詳細な検討」のなかに移設されている。

　上記のような経緯で原著は進化してきているため、本書の序章（P.3以降）を読むうえで注意していただきたい点がある。本序章には「新版での変更点」が縷々語られているが、これはあくまで学部向け共著である原著の1つ前の版との比較であって、私が翻訳した2003年刊の『企業戦略論』との比較ではない。たとえば、序章の「新版で追加した点」には柔軟性と暗黙的共謀の章を新たに加えたとあるが、2003年刊の『企業戦略論』にはそもそも柔軟性戦略と共謀戦略の章があった。それらの章は、共著となり学部読者向けに改変された際に除外されていたものの、その重要性に鑑みて今回「復活」させたというのが実情である。

　では、2003年刊の『企業戦略論』と本書の内容上の違いは何か、（1）章の構造と（2）戦略理論に関わる点について触れておきたい（後者の戦略理論に関わる点がより重要である）。

　まず構造についてであるが、旧版での15章の構成は12章にまとめられている。これまで独立した章だった第2章「パフォーマンスとは何か」が簡素化されて、第1章に統合されている。手段としての戦略の定義とその成果を測定する尺度を、同じ章のなかでまとめて記述してある。

　次に、かつては、脅威の分析（旧版第3章）と機会の分析（旧版第4章）に分けて記述されていた外部環境分析が、本書では1章（第2章）にまとめられた。また、旧版では第15章でカバーされていた国際戦略が割愛され（理由は、原著者が本書序章で書いている）、計3章分減ったことになる。

　戦略理論に関わる重要な内容変更は2点である。まず第1に、より今日的な改編としては、すべての章にコラム「企業倫理と戦略」が加わった点が挙げられるだろう。その理由は、明白である。2006年の国連による責任投資原則の提唱や、2010年に発行されたISO26000はもとより、事業に資金を提供する投資家や金融機関が企業に求める環境（E）、社会（S）、企業統治（G）に関わる要請は、日を追って増している。また、企業の遵法性に関しても、それを疑わざるを得ない事件・事象が日々発生して企業価値は棄損され、ニュースメディアでも頻繁に報じられている。企業の倫理性や社会・環境への誠実な取り組みは、各社の戦略が成立する前提であり、競争優位の源泉にもなり得る新たな戦略上の要素である。このコラムを題材に、科目内やゼミで討

論を行うと、戦略を取り巻く今日的な環境への理解が深まるであろう。

第2に、「一般戦略(企業が業界において取り得る3つの戦略、generic strategies)」の解釈が変更された。伝統的に、ハーバード大学のマイケル・ポーター教授が言うところの「一般戦略」は製品差別化、コスト・リーダーシップ、集中(製品や市場ごとに前2者を使い分ける戦略)、の3つであった。旧版においても、「第3の集中戦略は前2者の特殊なケースにすぎないのではないか」という他の研究者の声がすでに紹介されている(旧版中巻第7章P.105)。私も常々、集中戦略を差別化やコスト・リーダーシップと鼎立する独立した戦略とすることに座り心地の悪さを感じていた。一方本書では明示的に、一般戦略とは(1)コスト・リーダーシップ戦略(第4章)、(2)製品差別化戦略(第5章)、(3)柔軟性戦略(第6章)である、と紹介している。一般戦略をこの新たな3つの戦略によって構成することにより、戦略理論としての整理はもとより、実務家にとっても示唆のある構成になったと言える。つまり、前2者がより確実性の高い事業環境における2大戦略(戦略の目的として売上げの増大かコストの低減か)としてまず検討され、次にそれらの前提となる事業環境の不確実性が高い場合は、各戦略に柔軟性を加味していく、という2段構えの構造である。これは、実務家が戦略をデザインする際にも役立つ発想と言える。

最後に、『DIAMONDハーバード・ビジネス・レビュー』の前編集長である大坪亮氏に心からの感謝を申し上げたい。昨年、大坪編集長(当時)から『企業戦略論』最新版の翻訳のお話をいただかなければ、本書は世に出ていない。翻訳後に改めて、一般戦略の新たな枠組みや経営倫理面の強化など、新版ならではの重要な改変を日本の読者に紹介できることに気づかされた。

本書が、さらに多くの戦略理論学習者や実務者の一助になることを祈っている。

2021年10月

岡田正大

［新版］企業戦略論〈上〉基本編【目次】

THE TOOLS OF STRATEGIC ANALYSIS

Contents

序章

第1章
戦略および戦略経営プロセスとは何か
What Is Strategy and the Strategic Management Process?

第2章
外部環境の分析
Evaluating a Firm's External Environment

第3章
内部環境の分析
Evaluating a Firm's Internal Capabilities

事業戦略編
BUSINESS-LEVEL STRATEGIES

全社戦略編
CORPORATE STRATEGIES

基本編

序章

Preface

◉──新版での変更点

◉企業戦略のテキストにはどういった内容を盛り込むべきか

　これは大変興味深い問いである。テキスト（教科書）のなかには、「とにかく何でも盛り込め」と言わんばかりのものもある。このようなテキストは、版を重ねるごとに厚みが増していく。割愛される内容はないままに、多くの要素が追加されていく。

　本書では、これとは大きく異なるアプローチをとった。

- 企業戦略以外のテキストによって、より充実した解説が行われるようになったトピックは割愛した。
- 理論的に欠陥があること、または実証的裏づけがないことが判明したモデルやフレームワークは除外した。
- ここ数年で新たに提起された、洞察に富む企業戦略モデルは追加した。

　このような変更を行った結果、この新版（第6版）は、紙幅においては初版とほぼ同じでありながら、内容においては過去のどの版とも大きく異なるかたちに仕上がった。

◉新版から除外した点

　この新版において大胆に割愛した点は、2つある。いずれの点も、決断にいたった理由はそれが取るに足らないトピックだからではない。むしろ、あまりにも重要性が高まったため、企業戦略以外のテキストでも取り上げられるようになったからである。

- 旧版(日本での訳書は未発売)にあった各章のコラム「新興企業の戦略」は、割愛した。アントレプレナーシップ教育の重要性が増すなか、アントレプレナーシップのテキストにおいてこのようなトピックについての記述が充実してきたからである。
- 「国際戦略」についての章は、割愛した。繰り返しになるが、これは国際戦略が取るに足らないからではない。むしろ、国際戦略の重要性が高まったことにより、それに特化したテキストが増えてきたからである。

◉新版で追加した点

　以上の2つのトピックを割愛したことで、新版では、おおよそ過去の版と同じ紙幅に保ちながら、新しい2つの内容を追加できた(訳者まえがき参照)。

- 第6章(中巻)の「柔軟性とリアルオプション」。この章では、戦略的柔軟性の価値に関する最新の理論的・実証的研究をまとめた。また、柔軟性が価値を創出する条件や、その価値を推定する方法について解説した。
- 第7章(中巻)の「共謀」。この章では、明示的共謀や暗黙的共謀がもたらし得る経済的・倫理的影響について検討した。企業は、自社が共謀するつもりはなくても、この戦略とその経済的影響について理解しておく必要がある。なぜならば、自社以外の競合企業が共謀するかもしれないからである。

　これら2つの章は、他の章と同様、到達目標、オープニング・ケース、各種コラム(「関連する学術研究」「より詳細な検討」「企業倫理と戦略」)、チャレンジ問題、演習問題を備えている。また、他の章と同じように、実際のケースで

記述内容を裏づけている。ただし、扱っている内容自体（柔軟性や共謀）は、他のテキストではあまり取り上げられることのない戦略である（訳注：本書において「ケース」とは、広く経営教育で用いられる教材を意味し、企業の経営活動や事業環境をありのままに記述した事例のことである）。

　もちろん、本書で使用しているオープニング・ケースや事例はすべて内容をアップデート、または変更してある。また、ケースや指導マニュアルも刷新した。新たなオープニング・ケースとしては、次のようなものがある。

- 第1章の「ポケモンGOにGOサイン」。このケースでは、AR（拡張現実）を活用したスマートフォン用ゲームであるポケモンGOが開発された経緯をたどり、この商品が「持続的競争優位の源泉になるか」という問いを提示する。
- 第2章の「音楽ストリーミングビジネスの魅力とは」。音楽ストリーミングサービスは大変人気だが、ほとんどの場合利益につながっていない。それはなぜか。また、利益が出ていないことは、音楽ストリーミングサービス企業の戦略にどのような影響を与えるのか。
- 第3章の「名詞が動詞になる時」。グーグルが競争優位を確保できたのはなぜか。また、今後もそれを維持できると考えられるか。
- 第10章（下巻）の「まだアルファベットスープにはなっていない？」。グーグルは複数の事業部門からなるアルファベットという企業に生まれ変わったが、これは同社ならびに同社の一事業部門となったグーグルによる競争優位の拡大、維持につながるか。

◉新版でも変わらない点

　本書の第3章以降すべての章は、従来同様、VRIOフレームワーク（巻頭やP.127参照）を軸に内容を整理している。なぜなら、このフレームワークは、複雑なトピックである企業戦略を考察したり応用したりするうえで、あらゆる学習レベルの学生にとって役に立ち続けているからである。

　また、最新の理論や実証研究を取り入れている点も以前と同様である。ただし、そこで紹介した概念を学生が現実世界に応用できるよう工夫がなされている。たとえば、ここで挙げるのはほんの2例だが、次のような工夫がある。

- 柔軟性とリアルオプションについて述べた第6章(中巻)のコラム「関連する学術研究」では、戦略オプションの価値を計算するための、シンプルながら効果的な手法を紹介している。
- 範囲の経済の価値について述べた第9章(下巻)のコラム「関連する学術研究」では、範囲の経済という重要なトピックに関する最新の研究を紹介している。

●──指導および学習上の課題を解決

ビジネススクールや経営学部によっては、大きな戦略的視点を身につけたうえで実践分野の専門性を高めていけるよう、カリキュラムの全体の冒頭部分に企業戦略を取り入れている場合がある。

反対に、学生が1つ以上の実践分野を深く学んでから、カリキュラムの終盤で企業戦略を教えるビジネススクールや大学もある。

このような異なるカリキュラムの下で学ぶ学生は、それぞれまったく違ったスキルを携えて企業戦略の学習に臨むことになる。本書は、いずれのタイプのカリキュラムであっても、教員、学生共に十分使いこなせるよう配慮してある。以下説明する。

●「戦略先行型」カリキュラムでの教え方

「戦略先行型」カリキュラムの下で指導する教員は、各章のコアとなる本文とそれに関連するケースに重点を置き、反対に、コラム「より詳細な検討」やコラム「関連する学術研究」にはあまり深く踏み込まないという選択肢がある。

本文の記述は、経営学以外の分野に関する知識がそこまで求められない内容となっており、そうした知識が必要な場合は本文内で十分な解説を行っている。とはいえ、ケースを読んだり分析したりするうえでは十分な内容の濃さを保っている。また、そこで学んだ企業戦略の考え方は、カリキュラム全体を通じて、さらにはキャリア選択をするにあたっても活用できるだろう。

◉「戦略後行型」カリキュラムでの教え方

「戦略後行型」カリキュラムの下で指導する教員は、コラム「より詳細な検討」やコラム「関連する学術研究」にも指導範囲を広げることをおすすめする。

本書で取り上げている学術的、経済学的、数学的な議論はほとんどこれらのコラムのなかで扱われている。こうした議論は、学生が各機能領域（たとえばマーケティングやファイナンス、生産政策など）の授業で身につけてきたであろう知識を、さらに発展させるものである。このような内容を授業に取り入れることで、学生や教員は、ケースを議論するなかでより深い分析にも踏み込むことができる。また、学生は他の機能領域で学んできた考え方がどう企業戦略と結びつくのかを理解することができる。

◉──求められる人材になるためのスキル構築

企業戦略の授業を受講する学生は多くの場合、「この授業は自分のキャリア形成にどう役立つか」ということに関心を持っている。この問いに対しては、第1章で答えを提示している。

VRIOフレームワークについて言えば、このフレームワークは企業が競争優位の源泉を分析するためだけでなく、自分自身が労働市場において競争優位を保有しているかを分析するうえでも役に立つ。たとえば、読者には以下を検討してみてほしい。

- 「キャッシュフローの割引現在価値の計算方法」に関する知識は、読者にとって労働市場における競争優位の源泉となるだろうか。たしかにこれは価値あるスキルだが、経営学を学んでいる世界中の学生が身につけているスキルなので、希少性はない。したがって、読者にとってはせいぜい競争均衡しかもたらさないだろう。
- ある企業の戦略に対する深い理解に基づき、将来キャッシュフロー計画や妥当な割引率を算出する能力は、労働市場における競争優位の源泉となるだろうか。このスキルも同様に価値がある。しかし、このようなスキルを持っている学生は、筆者の経験上、より少ない。したがって、競

争優位の源泉になり得るだろう。
- (1)マーケティングの5Pを暗唱する能力、(2)フルタイムの仕事または インターンシップなどを通して得たユニークな仕事経験や大学で学んだ 知識を生かし、ある企業のマーケティング戦略を分析する能力。この2 つの能力のうち、労働市場においてより大きな競争優位をもたらすのは どちらか。VRIOフレームワークに基づいて考えれば、(1)よりも(2)の ほうが競争優位をもたらす可能性が高いと言えるだろう。

　良い就労先をめぐる労働市場の争いは、れっきとした競争である。したがって、この市場において競争優位を目指す読者は、価値があり、希少で、模倣が難しい能力を身につけなければならない。また、第3章で述べるように、その能力は社会的複雑性、経路依存性、または因果関係不明性を持たなければならない。

　言い換えれば、本書は製品市場における企業の競争優位だけでなく、労働市場における読者の競争優位も1つのテーマとしているのである。

◉──指導者向けリソース

　教員は、「指導者リソースセンター」(www.pearsonglobaleditions.com／Barney)に登録すれば、本テキストと合わせて提供しているさまざまな付属資料を手軽にダウンロードできる。質問等がある場合は、専任のテクニカルサポート・チームが本書の付属メディアに関するあらゆる要望に応える用意ができている。また、https://support.pearson.com/getsupportにアクセスすれば、「よくある質問」への答えや、ユーザーサポート・チームにつながるフリーダイヤルの電話番号を確認できる。

　指導者リソースセンター・プログラムでは、次ページの指導者向けリソースを提供している(編集注：これらのサイトは、それぞれのサイト管理者の都合により閉鎖されたり、サービスが変更・停止されたりする)。

指導者に向けて提供している付属メディア www.pearsonglobaleditions.com／Barney	付属メディアの特徴
ユタ大学教授の ウィリアム・ヘスタリー 執筆 「ケース指導用メモ」	• ケースごとの要約 • テキストでは紹介されていない事例やアクティビティ • 各ケースのポイントとなる「問い」 • 指導計画 • 各ケースの分析・考察
フロリダ大学教授の ラム・サブラマニアン 執筆 「指導者用リソースマニュアル」	• 章ごとの要約 • 解説すべき要点の整理 • 付属のPowerPoint資料用の講義ガイド • テキスト内の「チャレンジ問題」「演習問題」に対する模範解答
フロリダ大学教授の ラム・サブラマニアン 執筆 「PowerPoint資料」	• テキスト内と同じグラフ、表、式などを掲載 • いずれの資料も障がいのある学生にも対応したアクセシビリティ基準に順守。たとえば、各資料には以下のような機能が備わっている。 　• キーボードや文字読み上げによるアクセシビリティ機能 　• 画像の代替となる文章による解説 　• 文字と背景の配色を変更可能なハイコントラスト機能
フロリダ大学教授の ラム・サブラマニアン 執筆 「テストバンク」	1000問を超える〇×問題、択一問題、記述問題を提供。それぞれの問題には、以下の事項が注記されている。 • 難易度（レベル1は暗唱、レベル2は一定の分析、レベル3は複雑な分析を学生に求める） • 章節番号および題名 • 知識適用の種類 • AACSB学習基準（倫理的な学習および思考、分析的思考、情報技術、多様性・多文化性を考慮した学習、反省的思考、知識の適用）への適合
デジタルテストバンク 「TestGen®」	指導者はTestGenを用いて次のことを行える。 • 授業内で実施するテストのカスタマイズ、保存、作成 • テスト項目ファイルに含まれる問題の編集、追加、削除 • テスト結果の分析 • 学生のテスト結果や学習成果に関するデータベースの作成

第 **1** 章

戦略および戦略経営プロセスとは何か

What Is Strategy and the Strategic Management Process?

本章では、以下を習得する。

1.1 戦略を定義し、戦略経営プロセスを説明できるようになる。

1.2 競争優位を定義し、競争優位が経済的価値の創出と
どう関係しているかを説明できるようになる。

1.3 競争優位の測定に対する2つのアプローチを説明できるようになる。

1.4 創発戦略と意図的戦略の違いを説明できるようになる。

1.5 戦略や戦略経営プロセスについて学ぶことが
なぜ重要なのかを議論できるようになる。

◉ポケモンGOにGOサイン

ポケモンGO（Pokémon Go）は、モバイルアプリとして最高の成功を収めた。過去に類を見ない、圧倒的成功である。2016年7月の世界向けリリースから30日以内で、ダウンロード数は1.3億回を記録した。リリース後90日以内には、ダウンロード数が5億回まで増え、収益は6億ドルに達した。リリース後1カ月でユーザー数は、スナップチャット（Snapchat）、ティンダー（Tinder）、ツイッター（Twitter）、インスタグラム（Instagram）、フェイスブック（Facebook）など、他のすべての人気モバイルアプリを上回った。

ポケモンGOのリリース以来、何百万人ものプレーヤーがポケモン図鑑の完成を目指し、世界中を歩き回ってポケモンを探し求めている。ポケモンGOのプレーヤーがこれまで歩いてきた総歩行距離は、実に太陽系の惑星として最も遠い海王星から太陽までの距離に匹敵する！

ポケモンGOは、コンテンツと技術の融合である。コンテンツの面では、当初発売された「ポケットモンスター」ゲームシリーズやその関連商品を引き継いでいる。このシリーズ当初のゲームは、任天堂の携帯型ゲーム機、ゲームボーイのために開発された。米国で発売されたのは1998年9月30日である。そのゲームは、ピカチュー、ルギア、ヤドキング、サンダーなど、不思議な名前を持った架空の生き物の世界を創造した。プレーヤーはモンスターボールを使ってさまざまなポケモンをつかまえ、それらを育成し、ポケモンリーグでその強さを競い合う。

シリーズの原点となったこのゲームは、競争、ファンタジー、収集の要素を組み合わせ、多くのプレーヤーを夢中にさせた。その成功により、任天堂、ゲームフリーク、クリーチャーズの3社が保有する「ポケットモンスター」という商標は、ゲーム業界屈指のブランドとして確立された。任天堂はその後2000年代前半にわたって、ゲームの続編や書籍、カードゲーム、ビデオ、チャットルームなど、付属商品を次々と発売していった。

それを引き継ぐポケモンGOには、シリーズ原点のゲームと同じ要素がたくさん盛り込まれている。ただし、それらはナイアンティック（Niantic、訳注：当時の社名はナイアンティック・ラボ）のAR（拡張現実）技術によって強化されている。ナイアンティックはもともと、グーグル（Google）の一部としてスタートした会社であり、2010年にジョン・ハンケ（John Hanke）によって創

設された。同社が最初にリリースしたのはField Tripというモバイルアプリで、Googleマップを活用してユーザーを身の回りのユニークな隠れスポットへと誘導するものであった。2010年10月には同社2作目のアプリIngressがリリースされた。Ingressは、ゲーム内の要素と現実世界の現象を融合するAR技術を世界で初めてモバイルアプリに活用したファンタジー系のゲームだった。しかし、技術的な成果は評価されたものの、ユーザーからの人気はいまひとつだった。

　2015年10月、グーグルは、ナイアンティックを別会社として社外へスピンオフした。グーグル、任天堂、株式会社ポケモンの3社は、この新会社に合計3000万ドルを出資する一方、ベンチャー・キャピタリストやエンジェル投資家も500万ドルを投資した。2014年のエイプリルフール（4月1日）に、ナイアンティックは、「Googleマップポケモンチャレンジ」企画の実施を発表した。グーグル、株式会社ポケモン、ナイアンティックの3社共同によるこの企画は、ナイアンティックがIngressで使用した技術を活用し、プレーヤーをAR内のポケモン探しの旅へと誘う内容である。この企画には想定を超える大きな興味・関心がわき起こり、これがポケモンGO開発のきっかけとなった。こうしてポケモンGOは、2016年の7月、世界中ほとんどの地域に向けて同時リリースされたのである。

　ポケモンGOの開発に関わった企業は、いずれも素晴らしい業績をあげている。ポケモンGO事業に対する株式保有率が想定よりも低いことが判明してからは少々下落して落ち着いたものの、任天堂の時価総額は一時420億ドルまで跳ね上がった。ナイアンティックの時価総額は36億ドル以上に達した。

　また、ポケモンGOをプレーするためのスマートフォンを販売するアップル（Apple）などでは、ポケモンGOの影響で30億ドルの収益増加が見込まれた。その他の小規模な企業も、少額の手数料を支払って自社の店舗周辺にポケモンを出現させるサービスなどを通して、収益の増加を実現している。

　もちろん、その一方でさまざまな課題も浮上した。たとえば、発売当初はポケモンGOのサーバーがユーザーの需要に追いつかないという問題が発生した。また、珍しいポケモンを追い求めて1つの場所にプレーヤーが殺到するという現象も発生した。それによって墓地やその他の記念施設など、ポケモンGOをプレーするには不適切な場所もあることが明らかになった。さらに、街なかで歩きながらゲームに没頭するあまり、プレーヤーが事故に巻き込ま

れるケースも発生した。なかには、命に関わる事故も発生している。

　これらの現実的課題への対処以外にも、ビジネスの観点からポケモンGO の成功を見た場合、さらなる問いが生まれる。たとえば、ポケモンGO の人気は一時的流行にすぎないのではないか。爆発的に人気が出た反面、同じぐらい急速に忘れ去られるのではないか。ジョン・ハンケは、「ポケモンGO にまつわるアイデアはまだ 10% しか実行に移していない」と言っているが、このことはプレーヤーの興味を引き止めるのに十分なのか。AR技術はポケモンGO によって完成を迎えたのか、それともまだこれから発展していくのか。ナイアンティックは、この技術を今後進展させていく企業として最適な立場にあると言えるか。それとも、他の企業がその担い手となるのか。そもそも、今後重要になってくるのは AR技術そのものか、それとも AR技術を通してアクセスできるコンテンツなのか。^(注1)

　ポケモンGO のストーリーには、本書で紹介する戦略要素の多くが含まれている。たとえば、ポケモンGO は、任天堂、株式会社ポケモン、グーグル、ナイアンティックなど、複数の企業が共同で開発した。このような戦略的提携については、本書の第11章(下巻)で説明している。また、ポケモンGO の成長においては、「ポケモン」というブランドが大きな役割を果たした。これは、第5章(中巻)で検討する製品差別化戦略の例である。

　ナイアンティックの出資に複数の企業が携わった理由については、第6章(中巻)で検討する柔軟性のロジックを通して理解できるだろう。グーグルがナイアンティックを社外にスピンオフした理由については、第8章(下巻)で紹介する垂直統合のロジック、ならびに第9章(下巻)と第10章(下巻)で紹介する製品多角化のロジックを通して分析できる。さらに、「ポケモンGO の競争優位は今後も持続するか」という問いに対しては、第3章で紹介する内部環境の戦略分析モデルを通して答えを出せる。

　上に挙げたものをはじめ、本書で取り上げているすべての理論・モデルは、結局のところきわめて実用的なものである。これらの理論・モデルを用いれば、ある企業が生き残れなかったのはなぜか、別の企業が生き残り、繁栄すらできたのはなぜかを理解できる。また、これらの理論・モデルを応用する力が身につけば、キャリア上の選択や、仕事で成功を収めるうえでも役に立つだろう。

戦略および戦略経営プロセス

　企業が生き残り、繁栄するためには、良い戦略の選択と実行が不可欠である点には異論がない。しかし、「戦略とは何か」となると、見解はさまざまである。さらに、「良い戦略とは何か」という点については、なおさら見解が一致していない。実際、「戦略」や「良い戦略」の定義は、これらのトピックについて書かれた本の数だけ存在すると言っても過言ではないだろう。

◉戦略の定義

　本書では、**戦略**（strategy）を、「ある企業が持つ、競争優位を獲得するためのセオリー」と定義する。良い戦略とは、実際に競争優位を生じさせる戦略である。ポケモンGOの「競争優位獲得のセオリー」は、ポケモンが培ってきたブランドパワーと、ARがもたらす新たな技術力を融合させることだった。これは概ね第5章（中巻）で説明される製品差別化戦略の例である。

　こうしたセオリー（理論）は、すべての理論がそうであるように、一定の仮定や仮説に基づいている。戦略の場合、それは「業界内における競争が今後どう展開していくのか」と、「その展開をどう利用すれば利益につながるのか」に関するものである。こうした仮定や仮説が競争の実際の展開に近ければ近いほど、それに基づいて実行された戦略は競争優位をもたらす可能性が高い。反対に、こうした仮定や仮説が正しくなかった場合、その企業の戦略が競争優位をもたらす可能性は低くなる。

　しかし、「業界内における競争が今後どう展開していくのか」を予測することは、通常きわめて困難である。したがって、ある企業が適切な戦略を選んでいるかどうかは、ほとんどの場合確定的な判断はできない。だからこそ、戦略とはほぼ常に「セオリー」にすぎない。

　すなわち戦略とは、「業界内の競争がどう展開していき、それをどう利用すれば競争優位が獲得できるか」という問いに対して、企業が行う「ベスト・ベ

ット(最善の賭け)」なのである。

●戦略経営プロセス

　ある企業の戦略が最善か否かを確定的に判断することが困難だとしても、ミスを最小限に抑えることはできる。研究によれば、ミスを抑える最善の方法とは、一定の戦略経営プロセスに従い、慎重かつシステマチックに戦略を選ぶことである。

　戦略経営プロセス(strategic management process)とは、可能な限り良い戦略——すなわち、競争優位をもたらすような戦略——を選ぶために、一定の順序に従って実行する一連の分析や選択のプロセスである。**図1.1**では、戦略経営プロセスの一例を示している。読者も想像できるとおり、本書では、この戦略経営プロセスを軸に議論を展開していく。

[企業のミッション]

　戦略経営プロセスの出発点は、ミッションの策定である。ミッション(mission)とは、ある企業の長期的目標であり、(1)その企業が長期において目指す姿と、(2)そこにいたる途上で回避したいことの両方を定義する。多くの場合、ミッションはミッション・ステートメント(mission statement)として文書化される。

ミッションのなかには企業パフォーマンスに影響しないものもある

　ほとんどの企業のミッション・ステートメントには、共通した要素が盛り込まれている。1つは、その企業が今後事業を展開していく領域である。ジ

図1.1 ｜ 戦略経営プロセス

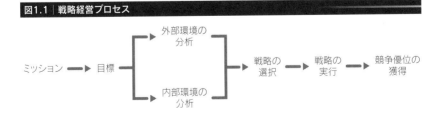

ョンソン・エンド・ジョンソン（Johnson and Johnson）であれば医療関連商品、3Mならば接着剤や化学素材、といった具合である。あるいは、その領域においてどのように競争するかをごく簡単に記す場合もある。さらに、その企業のコア・バリュー（核となる価値観）を述べる場合もある。

ミッション・ステートメントに含まれる要素が各企業でかなり共通していることから、ミッション・ステートメントの策定がはたして企業にとって価値を生み出すのか、疑問視する見解もある。[注3]

また、ミッション・ステートメントがユニークな内容であったとしても、それが社員1人ひとりの行動に影響を与えなければ、企業としての行動にもそれほど大きな影響は与えないだろう。たとえば、エンロン（Enron）はかつてさまざまな不正を働いていながら、[注4]ミッション・ステートメントでは「正直さ」と「誠実さ」を強調していた。[注5]研究によればミッション・ステートメントは、平均的に見れば、企業のパフォーマンスに影響を及ぼさない。

企業のパフォーマンスを向上させるミッション

上記の点に留意する必要はあるものの、研究によれば、自社の目的意識やミッションがそのあらゆる行動に反映されている企業も存在する。たとえば、3M、IBM、ヒューレット・パッカード（Hewlett-Packard）、ウォルト・ディズニー・カンパニー（Walt Disney Company、以下ディズニー）などである。あらゆる活動の軸にミッションを据えたこれらの企業は**ビジョナリー・カンパニー**（visionary firm）と呼ばれ、長期にわたって高いパフォーマンスを発揮してきた。[注6]仮に上記のいずれかの企業に対し、1926年の時点で1ドルを投資したとすると、その価値は、1995年には6536ドルまで上昇した。一方、同じ期間にわたって平均的な企業に1ドルを投資した場合、1995年における価値は415ドルである。

このように、ビジョナリー・カンパニーは平均的な企業よりもかなり高いリターンを得てきた。もちろん、一般に「利益の最大化」は重要な企業目標ではあるものの、ビジョナリー・カンパニーがミッション・ステートメントにおいて「利益の最大化」を「自社の主な存在理由」としていることは稀である。むしろ彼らの「存在理由」は、社内で広く共有され日常的に社員の意思決定を導く一群の価値観や理念に反映されている。

他の企業では、短期間で利益をあげるプレッシャーゆえに、経営者はこう

した価値観や理念をたびたび放棄する衝動に駆られることがあるものの、ビジョナリー・カンパニーにおいては、長期的パフォーマンスを重視する価値観や理念が広く共有され、短期的パフォーマンスを達成するプレッシャーとのバランスがとられている。^(注7)

もちろん、このタイプの企業がこれまで何十年にもわたって高いパフォーマンスを維持してきたからといって、それが良い業績の永続を意味するわけではない。かつてはビジョナリー・カンパニーと評されていた企業が、最近になって行き詰まった例も存在する。たとえば、アメリカン・エキスプレス（American Express）、フォード・モーター（Ford Motor）、ヒューレット・パッカード、モトローラ（Motorola）などである。ミッションに基づく経営で知られたこれらの企業が業績上の問題を抱えることになった1つの理由は、自社のミッションをどこかで見失ったからなのかもしれない。

企業のパフォーマンスを損なうミッション

自社のミッションを戦略に反映し、きわめて強い競争優位を獲得した企業がある一方、ミッションが企業のパフォーマンスを損なう場合もある。たとえば、経営の実態をまったく考慮せず、創業者や幹部の個人的価値観や目標のみに基づいて策定された「内向き」なミッションである。このようなミッションに基づく戦略は、競争優位をもたらす可能性が低い。

ヤフー（Yahoo）の例を見てみよう。2008年、マイクロソフト（Microsoft）は1株当たり31ドル、総額446億ドルの買収オファーをヤフーに持ちかけた。これは、当時のヤフーの時価総額を上回るオファーである。しかし、ヤフーはこのオファーを拒絶した。その根拠として、自社のグローバルブランドの強み、近年における広告プラットフォームへの投資、現在進めている戦略などを考慮すると、マイクロソフトがヤフーを過小評価していると主張した。要するに、ヤフーは従来のミッションや戦略に傾注し、独立を保持した。

しかし、ヤフーの時価総額はその後数年にわたって大きく縮小し、最低で1株当たり10ドルまで下がった。これは、マイクロソフトが当初オファーした1株31ドルを大きく下回る水準である。2013年になり、ヤフーはようやく2008年当時マイクロソフトがオファーした水準まで企業価値を持ち直した。

しかし、この企業価値を維持することは困難であった。独立企業として経営を続けるなか、ヤフーの価値は下がり続けた。そしてついに、2016年7月

にベライゾン(Verizon)がヤフーを48億ドルで買収した。ヤフーは自社のミッションや戦略の維持に固執したことにより、8年間で400億ドルもの株主価値を消滅させてしまったのである。[注8]

　このように、企業のミッションはパフォーマンスを向上させる場合もあれば、損なう場合もあり、あるいはまったく影響を与えない場合もある。したがって当然ながら、ミッションそのものは必ずしも競争優位をもたらす戦略の選択や実行につながるとは限らない。ミッションの策定は、戦略経営プロセスにおいて重要なステップではあるが、図1.1を見ればわかるとおり、最初の一歩にすぎない。

［ 目標 ］

　ある企業の目的や価値観を大きな視点から述べたミッションに対し、**目標**(objectives)は、そのミッションの達成度を評価するための具体的かつ測定可能なターゲットである。質の高い企業目標とは、ミッションと密接な関係を持ち、長期にわたる測定・追跡が比較的容易なものである。それに対し質の低い目標とは、そもそも目標が設定されていない場合、ミッションと関連していない目標、量的に測定できない目標、長期にわたる測定・追跡が困難な目標である。経営幹部は当然、質の低い目標によってはミッションの達成度を正しく評価できない。実際、ある企業がミッションの一部に関して目標を設定していないか、もしくは質の低い目標しか設定していない場合、その企業はミッション・ステートメントの該当部分の実現をあまり真剣には考えていないと言えるだろう。

［ 外部環境・内部環境の分析 ］

　戦略経営プロセスの次の2つのステップである外部環境・内部環境の分析は、ほぼ同時に行われる。**外部環境の分析**(external analysis)では、企業の競争環境にいかなる重大な脅威または機会が存在するかを見定める。また、その競争環境において時間の経過とともにその後どのように競争が展開していき、それが企業の直面する脅威や機会にどのような影響を与えるかを検証する。外部環境の分析手法やアプローチに関する研究は、ここ数年でかなりの

進展を見せている。こうした研究は、第2章の主要テーマである。

企業の外部に存在する脅威や機会に焦点を当てた外部環境の分析に対し、**内部環境の分析**（internal analysis）は、自社組織の強みや弱みを把握するために行う。また、自社が持つ経営資源（リソース）や能力のうち、競争優位をもたらす可能性が高いものはどれで、可能性が低いものはどれかを把握する。さらに、組織として改善・変革すべき点を特定する。外部環境の分析と同じく、内部環境の分析の手法やアプローチに関する研究も、ここ数年でかなりの進展を見せている。こうした研究は、第3章の主要テーマである。

［ 戦略の選択 ］

ミッションと企業目標を策定し、外部環境・内部環境の分析を終えた時点で、企業は戦略を選択する準備が整う。つまり、「競争優位を獲得するためのセオリー」を選ぶ時がきたのである。

企業が選択する戦略は、事業レベルの戦略と全社レベルの戦略に大別できる。**事業戦略**（business-level strategy）とは、企業が特定の市場・業界において競争優位を獲得するためにとる行動である。事業戦略は第2部（中巻）のテーマであり、コスト・リーダーシップ戦略（第4章）、製品差別化戦略（第5章）、戦略的柔軟性（第6章）などを含む。なお、事業戦略としての暗黙的共謀については、各章で適宜言及していき、第7章で詳しく論じる。

一方、**全社戦略**（corporate-level strategy）とは、企業が複数の市場・業界で活動するなかで競争優位を獲得するためにとる行動である。この種の戦略については第3部（下巻）で検討する。一般的な全社戦略には、垂直統合戦略（第8章）、多角化戦略（第9章および第10章）、戦略的提携（第11章）、合併・買収戦略（第12章）がある。

もちろん、こうした戦略を実際に選択するプロセスはかなり複雑であるため、細かなプロセスについては本書の終盤まで検討を保留する。しかし、戦略を選択する際に基本となるロジックはそれほど複雑なものではない。

つまり、戦略経営プロセスの下では次のような戦略の選択を目指す。（1）自社のミッションを支える戦略、（2）自社の目標と整合性を持つ戦略、（3）自社の強みを生かし外部環境における機会を利益につなげる戦略、（4）自社の弱みを回避しつつ外部環境における脅威を無力化する戦略。このような条件

をすべて満たした戦略を(戦略経営プロセスの最終ステップとして)実行した場合、企業は高い可能性で競争優位を獲得できる。

[戦略の実行]

もちろん戦略を選んでも、それを実行しなければ意味がない。**戦略の実行**(strategy implementation)とは、自社の戦略と整合する経営政策や経営行動を実際にとり始めることである。戦略の実行において特に重要な経営政策と行動は、(1)公式の組織構造、(2)公式・非公式を問わない経営管理システム、(3)報酬政策である。

自社の戦略と整合し、それを補強する役割を果たす組織構造、管理システム、報酬政策を採用した企業は、戦略と整合しない経営政策と行動を採用した企業よりも、その戦略をうまく実行できる可能性が高い。事業戦略を実行するにあたって企業が実際に導入している組織構造、管理システム、報酬政策については、第2部(中巻)で紹介する。また、全社戦略を実行する手段については第3部(下巻)で述べる。

本書では、1つの戦略に関する選択と実行については基本的に1つの章のなかで検討している。しかし、多角化戦略の実行についてはあまりにも多くの研究が蓄積されているため、その選択を第9章(下巻)で、実行を第10章(下巻)で検討する。

◉──競争優位とは何か

到達目標 1.2
競争優位を定義し、競争優位が経済的価値の創出とどう関係しているかを説明できるようになる。

当然ながら、戦略経営プロセスの最終的な目的は、競争優位をもたらす戦略の選択・実行を実現することである。しかし、そもそも競争優位とはいったい何なのだろうか。一般に、ある企業が競合他社よりも多くの経済的価値を生み出せる時、その企業は**競争優位**(competitive advantage)を保持してい

図1.2 企業の競争優位の源泉

顧客が
認識する
価値の合計：
230ドル

創出される
経済的価値：
180ドル

総コスト：
50ドル

企業Ⅰ

顧客が
認識する
価値の合計：
200ドル

創出される
経済的価値：
150ドル

総コスト：
50ドル

企業Ⅱ

（A）企業Ⅰの競争優位：
企業Ⅰが企業Ⅱより高い顧客にとっての価値を生み出している場合

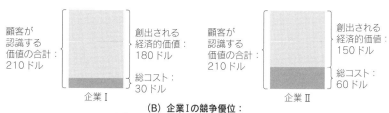

顧客が
認識する
価値の合計：
210ドル

創出される
経済的価値：
180ドル

総コスト：
30ドル

企業Ⅰ

顧客が
認識する
価値の合計：
210ドル

創出される
経済的価値：
150ドル

総コスト：
60ドル

企業Ⅱ

（B）企業Ⅰの競争優位：
企業Ⅰの生産コストが企業Ⅱより低い場合

る。ここで言う**経済的価値**（economic value）とは、単純に顧客がある企業の製品・サービスに対して支払ってもよいと考えている額（顧客の認知価値）と、その製品・サービスの生産・販売にかかった総コストとの差である。したがって、ある企業の競争優位の大きさは、自社が生み出す経済的価値と、ライバル企業が生み出す経済的価値の差ということになる。[注9]

　図1.2に提示した2つの企業のケースを考えてみよう。この2社は、同じ市場において同じ顧客をめぐって争っている。しかし、製品・サービスを1単位売り上げるごとに生み出す経済的価値は、企業Ⅰの180ドルに対し、企業Ⅱは150ドルである。企業Ⅰのほうが製品・サービスを1単位売り上げるごとに高い経済的価値を生み出しているということは、企業Ⅰが企業Ⅱに対して競争優位を有していることを意味する。企業Ⅰの競争優位の大きさは、両社が生み出す経済的価値の差なので、この場合は30ドル（180ドル－150ドル＝30ドル）である。

　もっとも、図1.2の（A）と（B）で示されるように、企業Ⅰの競争優位は、異なる源泉によって実現し得る。たとえば、企業Ⅰは製品・サービスに対して顧客が支払ってもよいと考えている額が、企業Ⅱよりも高い場合が考えられ

る。つまり図1.2の（A）では、企業Ⅰの顧客は、企業Ⅰの製品・サービスがもたらす顧客の認知上の価値として230ドル支払ってもよいと考えている。一方、企業Ⅱの顧客が企業Ⅱの製品・サービスに対して支払ってもよいと考える額は200ドルである。したがって、両社の生産・販売コスト（総コスト）は同じだが（1単位ごと50ドル）、企業Ⅰが生み出す経済的価値（230ドル−50ドル＝180ドル）は、企業Ⅱが生み出す経済的価値（200ドル−50ドル＝150ドル）よりも高くなる。さらに言えば、この状況において、企業Ⅰが企業Ⅱよりも高い総コストを抱えていながら、依然として企業Ⅱを上回る経済的価値を生み出すこともあり得る。これは、企業Ⅰの顧客が同社の製品・サービスに対し、相対的に高い総コストを打ち消す以上の額を支払ってもよいと考えている限り成り立つ。

　反対に、図1.2の（B）の場合は、両社の顧客がそれぞれの製品・サービスに対して支払ってもよいと考える額が同じ（図では210ドル）である一方、総コストが異なっている。企業Ⅰの単位当たり総コストが30ドルの時、同社が生み出す経済的価値は180ドルになる（210ドル−30ドル＝180ドル）。一方、企業Ⅱの単位当たり総コストが60ドルならば、同社は150ドルの経済的価値しか生み出さない（210ドル−60ドル＝150ドル）。なお、企業Ⅰに対する顧客の認知価値が企業Ⅱより低かったとしても、依然として企業Ⅱを上回る経済的価値を生み出すことが可能である。それは、企業Ⅰの「顧客の認知価値における劣位」が「総コストにおける優位」によって十分打ち消される場合である。

　企業が持つ競争優位には、一時的なものと持続的なものがある。**図1.3**にまとめたとおり、**一時的競争優位**（temporary competitive advantage）とは、ごく短期間しか続かない競争優位である。一方、**持続的競争優位**（sustained competitive advantage）は、それよりもかなり長く続く。この持続的競争優位がどれほど継続し得るかについては、コラム「関連する学術研究」で検討している。また、ライバル企業と同等の経済的価値を生む企業は、**競争均衡**（competitive parity）の状態にある。そして、ライバルよりも少ない経済的価値しか生まない企業は、**競争劣位**（competitive disadvantage）の状態にある。もちろん競争劣位もその劣位がどれほど続くかによって、一時的なものと持続的なものがある。

図1.3 | 競争優位性の種類

競争優位	競争均衡	競争劣位
ライバル企業よりも 多くの経済的価値を 生む場合	ライバル企業と 同等の経済的価値を 生む場合	ライバル企業よりも 少ない経済的価値しか 生まない場合

一時的競争優位
短い間しか続かない
競争優位

持続的競争優位
長い間続く
競争優位

一時的競争劣位
短い間だけ続く
競争劣位

持続的競争劣位
長い間続く
競争劣位

関連する学術研究

競争優位の持続性とは

　企業がどれほど長く競争優位を維持できるかについては、長らく経済学者が関心を持ってきた。伝統的経済学に立脚すれば、そうした競争優位の持続性は、競争の激しい市場においてはきわめて短いことが予想される。ある企業が競争優位を獲得できたとしても、他社がすぐにそれに気づいて模倣しようとするため、長期においては必ず競争均衡に落ち着くという考え方である。しかし実際には、伝統的経済学が予想するよりも、長く競争優位が持続するケースが多い。

　この分野における研究の先駆者は、デニス・ミュラー（Dennis Mueller）である。ミュラーは、427社のサンプル企業を1949年のパフォーマンス水準をもとに8つのカテゴリーに分け、それぞれの企業の当初におけるパフォーマンスがその後のパフォーマンスに与える影響について検証した。伝統的経済学の立場からは、すべてのサンプル企業が最終的には平均的パフォーマンスに落ち着くことが予想された。しかし、そうはならなかった。初期に良いパフォーマンスだった企業はその後も良いパフォーマンスをあげる傾向にあり、初期に悪いパフォーマンスだった企業はその後も悪いパフォーマンスをあげる傾向にあったのである。

　ジェフリー・ウォーリング（Geoffery Waring）は、このミュラーの研究をさらに発展させた。彼が明らかにしたのは、業界によって企業の競争優位の

持続期間が異なる要因である。ウォーリングによれば、次の特徴を持つ業界の企業は、より長く競争優位を持続させる傾向にある。（1）複雑な情報を扱う業界、（2）製品を使いこなすうえで顧客に多くの知識が求められる業界、（3）多大な研究開発が必要な業界、（4）著しい規模の経済が存在する業界、である。

　次に、ピーター・ロバーツ（Peter Roberts）は特定の業界に着目し、米国製薬業界における製薬会社の収益性の持続を研究した。ロバーツは、これらの企業が競争優位を長く持続させられる傾向にあること、またその持続性の要因は、ほぼ全面的に、より効果の高い新薬を開発できるイノベーション能力であることを示した。

　この分野における最新の研究は、アニタ・マッガーハン（Anita McGahan）とマイケル・ポーター（Michael Porter）によって発表された。2人は高いパフォーマンスと低いパフォーマンスが、いずれもかなり長く持続し得ることを示した。また、高いパフォーマンスが長く持続する場合、それはその企業が属する業界、またはその事業部門が属する企業の属性を要因とするが、低いパフォーマンスが長く持続する場合は、その事業自体の属性を要因とすることが示された。

　伝統的経済学と企業戦略論の違いは、いろいろな意味において、前者が「競争優位が持続するはずのない理由」を明らかにしようとするのに対し、後者は「競争優位が持続し得る条件」を明らかにしようとする点である。これまでの実証研究によれば、「企業は少なくとも一定の状況下では競争優位を持続させられる」と言えよう。[注10]

出典：Mueller, D. C. (1977). "The persistence of profits above the norm." *Economica*, 44, pp. 369–380; Roberts, P. W. (1999). "Product innovation, product-market competition, and persistent profitability in the U.S. pharmaceutical industry." *Strategic Management Journal*, 20, pp. 655–670; Waring, G. F. (1996). "Industry differences in the persistence of firm-specific returns." *The American Economic Review*, 86, pp. 1253–1265; McGahan, A., and M. Porter (2003). "The emergence and sustainability of abnormal profits." *Strategic Organization*, 1(1), pp. 79–108.

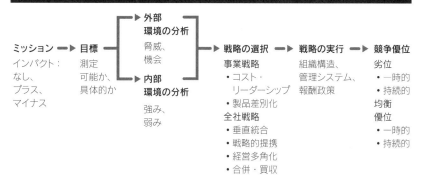

図1.4 | 全体フレームワーク

ミッション ➡️ 目標 ➡️

インパクト：
なし、
プラス、
マイナス

測定
可能か、
具体的か

▶️ 外部
環境の分析

脅威、
機会

▶️ 内部
環境の分析

強み、
弱み

▶️ 戦略の選択 ➡️ 戦略の実行 ➡️ 競争優位

事業戦略
- コスト・
リーダーシップ
- 製品差別化

全社戦略
- 垂直統合
- 戦略的提携
- 経営多角化
- 合併・買収

組織構造、
管理システム、
報酬政策

劣位
- 一時的
- 持続的

均衡
優位
- 一時的
- 持続的

◉戦略経営プロセスの再検討

　戦略経営プロセスの概要を一通り説明したところで、図1.1で示した同プロセスに、企業が戦略を選択し実行する過程で直面する選択肢の数々を書き加えることができる。それが**図1.4**である。図1.4こそ、本書が一貫して使用する全体フレームワークである。なお、戦略経営プロセスを「ビジネスモデルのキャンバス」ととらえるアプローチもあるが、このアプローチについてはコラム「より詳細な検討」で紹介している。

ビジネスモデル・キャンバス

　近年、従来とは異なるかたちで戦略経営プロセスをとらえるアプローチが開発された。ミッション・ステートメントや企業目標を出発点として戦略の選択・実行に求められる一連の分析へと進んでいくのではなく、このアプローチではまず、企業が経済的価値を創出し専有する能力に影響を与える「活動」を特定する。そこからその企業がこうした活動を実現する方法を具体化していくのである。

　このアプローチでは、企業が経済的価値を創出し専有するために行う一連の活動を**ビジネスモデル**（business model）と呼ぶ。

　ビジネスモデルを構築する上記のアプローチとして最も影響力を持つのは、アレックス・オスターワルダー（Alex Osterwalder）とイヴ・ピニュール（Yves Pigneur）が『ビジネスモデル・ジェネレーション』において提唱したものだろう。2人はこの著書において、ビジネスモデルの一般形を提示している。この一般形（テンプレート）は、第3章で紹介する一般的なバリューチェーン・モデルとも関連しており、経営幹部が自社ビジネスの全体像を一覧できることから、「ビジネスモデル・キャンバス」と呼ばれる。このコラムでは、その内容を紹介する。

　ビジネスモデル・キャンバス（P.30）の中心にあるのは、「価値提案（value propositions）」という大きな箱である。価値提案とは、顧客にどのような価値を提供するのか、事業を通じて顧客のどのような課題を解決するのか、いかなる顧客をターゲットとするのか、などを記述したものである。価値提案の決定は、図1.4で示した「戦略の選択」とよく似ている。

　価値提案が決まれば、それをもとに次の要素を決めることができる。その企業が取り組むべき「主要活動（key activities）」、その活動を行うために確保しなければならない「主要リソース（key resources）」、そして、そのリソースを手に入れるために必要な「主要パートナー（key partners）」である。

　また、価値提案は次の要素を決めるうえでも役に立つ。その企業にとって重要な「顧客関係（customer relationships）」、その顧客に価値を届けるための「チャネル（channels）」、そして、その企業の製品・サービスのターゲットとなる「顧客セグメント（customer segments）」である。

　価値提案の左側からは、主要活動、主要リソース、主要パートナーが、価

値提案の右側からは、顧客関係、チャネル、顧客セグメントがすべて価値提案の実現に資するものとなっていれば、これらの活動が一体となって、その企業のコスト構造や収入の流れをよりよいものにする。本章の本文で示した定義のとおり、収入とコストの差はその企業が生み出す経済的価値の尺度となる。

　性質の異なるビジネスモデル（もちろんビジネスモデル・キャンバスを通してまとめたもの）には、それぞれを区別するために特定の名称が与えられている。たとえば、クリック・アンド・モルタル型のビジネスモデル（オンラインの小売りとオフラインの小売りが統合されたかたち）とフランチャイズ型のビジネスモデル（半独立的な事業オーナーが小売店舗を所有・経営するかたち）とでは、かなり異なる事業活動が予想される。また、直販型の小売モデル（エンドユーザーに購入したい商品をメーカーに直接注文させることにより中間在庫をなくすモデル）も、上のいずれのモデルとも異なる性質を持っている。

　一方、ビジネスモデル・キャンバスの台頭に批判的な研究者もいる。ビジネスモデル・キャンバスを利用したところで、戦略経営プロセスに対する理解が根本的に深まるわけではないという主張である。また、戦略の実行に向けて組織変革に取り組むことなどの、戦略経営プロセスにおける重要な過程がビジネスモデル・キャンバスからは抜け落ちているという指摘もある。あるいは、ビジネスモデル・キャンバスは競争という要素をうまくとらえ切れていないという指摘もある。つまり、多くの企業が同じようなビジネスモデル・キャンバスを採用した場合、特定の企業が有利な競争ポジションを得ることは不可能ではないか、という指摘である。

　しかし一方で、ビジネスモデル・キャンバスは、幅広い企業活動をまとめるうえで便利なことは確かだ。また、キャンバス内の諸活動が互いにどう関連し合い、コストや収入に対して最終的にどのような影響を与えるかをまとめることもできる。本書のこれ以降の内容を整理する全体フレームワークとしては、あくまでも図1.4 で提示したフレームワークを用いていくが、このキャンバス・アプローチがもたらす有益な洞察については、必要に応じて適宜言及していく。^(注11)

出典：Osterwalder, A., and Y. Pigneur (2010). *Business Model Generator*. NY：Wiley（邦訳『ビジネスモデル・ジェネレーション』小山龍介訳、翔泳社、2012年）；George, G., and A. J. Bock (2011). "The business model in practice and its implications for entrepreneurial research". *Entrepreneurship: Theory and Practice*, 35(1), 83–111；Zott, C., R. Amit, and L. Massa (2010). "The Business Model: Theoretical Roots, Recent Development, and Future Research". Working Paper 862, IESE, Barcelona, Spain.

ビジネスモデル・キャンバス

対象組織：

主要パートナー(key partners)

- 主要パートナーは誰か
- 主要サプライヤーは誰か
- パートナーから取得する主要リソースは何か
- 自社の主要活動のなかでパートナーが取り組んでいるものはあるか

提携の動機：
合理化および経済性
リスク・不確実性の緩和
特定のリソースや活動の確保・実現

主要活動(key activities)

- 価値提案の実現にはどのような主要活動が必要か
- 物流チャネル、顧客関係、収入の流れについてはどうか

主要活動のカテゴリー
生産
問題解決
プラットフォーム・ネットワーク構築

主要リソース(key resources)

- 価値提案の実現にはどのような主要リソースが必要か
- 物流チャネル、顧客関係、収入の流れについてはどうか

リソースの種類
物理的リソース
知的リソース(専有の特許、著作権、データ)
人的リソース
金銭的リソース

価値提案(value proposition)

- 顧客に対してどのような価値を提供するのか
- 顧客のどのような課題の解決を手助けするのか
- それぞれの顧客セグメントに提供する製品・サービスのバンドルは何か
- どのような顧客ニーズを満足させるのか

価値提案の種類
新しさ
パフォーマンス
カスタマイゼーション
堅実さ
デザイン
ブランド・ステータス
値段
コストの節減
リスクの低減
アクセシビリティ
利便性・使いやすさ

コスト構造(cost structure)

- 自社のビジネスモデルに内在するコストのうち、最も重要なものはどれか
- 主要リソースのうち、最もコストが高いものはどれか
- 主要活動のうち、最もコストが高いものはどれか

自社のビジネスは次のうち、どちらの傾向が強いか
コスト主導型(合理的なコスト構造の追求、低コストをベースとした価値提案、オートメーションの最大化、幅広いアウトソーシング)
価値主導型(価値創造の重視、高品質をベースとした価値提案)

検討すべきコスト特性の例
固定費(人件費、地代家賃、光熱費)
変動費
規模の経済
範囲の経済

www.businessmodelgeneration.com

顧客関係（customer relationships）

- それぞれの顧客セグメントは、自社とどのような関係の構築・維持を期待しているか
- そのうちすでに構築できている関係は何か
- その関係は、ビジネスモデルの他の要素とどれほど統合されているか
- その関係は、どれほどのコストがかかっているか

例
個人的なサポート
専任の担当者による個人的サポート
セルフサービス
自動サービス
コミュニティ
コ・クリエーション

顧客セグメント（customer segments）

- 誰のために価値創造を行うのか
- 自社にとって最も重要な顧客とは誰か

マス市場
ニッチ市場
分散化された市場
多角化された市場
多面的市場

チャネル（channels）

- 自社の顧客セグメントは、それぞれどのようなチャネルを通して価値を届けてほしいと考えているか
- 現在はどのように価値を届けているか
- チャネル間の統合は実現されているか
- うまく機能しているチャネルはどれか
- チャネルを顧客ルーティンに合わせることができているか

チャネルの発展過程：
1. 認知
　自社の製品・サービスの認知度を上げるためにはどうすればよいか
2. 評価
　価値提案を評価しやすくするうえで顧客を手助けするために何ができるか
3. 購入
　顧客が特定の製品・サービスを購入できるようにするためには何が必要か
4. 提供
　顧客に価値を提供するためにはどうすればよいか
5. アフターセールス
　販売後の顧客サポートはどのように提供していくべきか

収入の流れ（revenue streams）

- 顧客は、どのような価値に対しては支出してもかまわないと考えているのか
- 顧客は現状において何に対して支出しているか
- それをどのようなかたちで支払っているか
- それをどのようなかたちで支払いたいと考えているか
- それぞれの収益源は全体的な収入にどれほど貢献しているか

収入の種類：		固定価格設定	動的価格設定
資産売却	仲介料	リスト・プライス	交渉（値引き）
使用料	広告料	性能に基づく価格設定	イールドマネジメント
購読料		顧客セグメントに基づく価格設定	リアルタイムマーケット
利子・レンタル料・リース		販売量に基づく価格設定	
ライセンス料			

競争優位の測定

到達目標 1.3

競争優位の測定に対する2つのアプローチを説明できるようになる。

競争優位とは、「ライバルよりも多くの経済的価値を生み出している状態」である。経済的価値とは、「顧客が自社の製品・サービスに対して支払ってもよいと認識している額と、自社の製品・サービスの生産・販売にかかった全体的コストの差」である。一見シンプルな定義だが、これらの概念を直接測定することは必ずしも容易ではない。

たとえば、ある企業の製品・サービスが顧客にとってどれほどの価値を持つかは、常に顧客の認知にかかっているが、これは簡単に測定できるものではない。また、特定の製品・サービスの生産・販売に伴ってどのようなコストが発生したかを把握することや、特定のコストと特定の製品・サービスを結びつけることも必ずしも容易ではない。

しかし、こうした実際的問題がある一方で、競争優位を測定するためのアプローチが2つ提唱されている。1つは、企業の会計上のパフォーマンスを分析することで競争優位の大きさを推定する方法である。もう1つは、企業の経済的パフォーマンスを分析する方法である。以下、この2つのアプローチを見ていく。

◉競争優位を会計指標で測定する

会計上のパフォーマンス（accounting performance）とは、ある企業の公開された貸借対照表・損益計算書をもとに算出される競争優位の指標である。貸借対照表や損益計算書は、通常広く受け入れられている会計規則・会計原則に基づいて作成される。異なる業界の企業であっても会計上のパフォーマンスを比較できるのはこのためである。

しかし、企業によっては財務諸表を作成するにあたって、標準とは異なる特殊な会計規則・会計原則を用いている場合がある。あるいは、2つの企業が異なる会計規則・会計原則を用いている場合もある。これらの場合、会計

上のパフォーマンスを比較することは難しくなる。この困難は、特に異なる国の企業を比較する際には顕著となる。

　財務諸表をもとに競争優位を測定する1つの手段は、会計比率を用いることである。**会計比率**（accounting ratios）とは、企業パフォーマンスのさまざまな側面をあらわす計算式に、個別企業の財務諸表から得られる数値を当てはめたものである。企業のパフォーマンス指標となる会計比率のうち、最も一般的なものを**表1.1**に挙げている。

　こうした会計上のパフォーマンス指標は、4つのカテゴリーに分けられる。(1)分子に利益に関する何らかの指標がきて、分母に事業規模や資産に関する何らかの指標がくる**収益性関連の比率**（profitability ratio）、(2)企業が短期において債務を返済する能力に着目した**流動性関連の比率**（liquidity ratio）、(3)新たに負債を引き受ける能力を含め、企業の財務的柔軟性に着目した**レバレッジ関連の比率**（leverage ratio）、(4)どれだけ活発な事業活動が行われているかに着目した**事業活動関連の比率**（activity ratio）である。

　もちろん、これらの比率自体を単独の数値で見たところで、特定の企業についてわかることはほとんどない。企業パフォーマンスの水準を知るには、会計比率を何らかの基準に照らし合わせる必要がある。一般的にこの基準となるのが、会計比率の業界内平均値である。会計比率の分析を行った結果、そのパフォーマンスが業界平均を上回る企業は、**平均を上回る会計上のパフォーマンス**（above-average accounting performance）をあげていると言える。このような企業は、それが持続的であるかどうかは別として、通常は競争優位を獲得している。会計上のパフォーマンスが業界平均と同じレベルの企業は、**平均的な会計上のパフォーマンス**（average accounting performance）をあげていると言える。このような企業は、通常は競争均衡しか確保できていない。会計上のパフォーマンスが業界平均を下回る企業は、**平均を下回る会計上のパフォーマンス**（below-average accounting performance）をあげていると言える。このような企業は、一般に競争劣位に置かれている。

　例として、アップルのパフォーマンスを見てみよう。**表1.2**には、アップルの2015年と2016年における財務諸表がまとめられている。なお損失は、数字を括弧でくくることとする。**表1.3**には、この2年間におけるアップルの会計比率をいくつか算出している。

　まず、アップルの売上高は2015年から2016年にかけて、2340億ドル弱か

表1.1 | 会計上のパフォーマンスの測定に一般的に用いられる会計比率

比率	計算法	説明

収益性関連の比率

1. 総資本利益率（ROA）	$\dfrac{税引後利益}{総資産}$	企業に対してなされたすべての投資に対するリターンの尺度。通常は大きいほうが良い。
2. 株主資本利益率（ROE）	$\dfrac{税引後利益}{自己資本}$	企業に投資されたすべての株主資本（自己資本）に対するリターンの尺度。通常は大きいほうが良い。
3. 粗利率	$\dfrac{（売上高－売上原価）}{売上高}$	経費をまかない、さらに利益を生み出す売上げがあるか否かの尺度。通常は大きいほうが良い。
4. 1株当たり利益（EPS）	$\dfrac{（利益（税引後）－優先株への配当金）}{発行済み普通株式総数}$	普通株式の株主が入手可能な利益の尺度。通常は大きいほうが良い。
5. 株価収益率（PER）	$\dfrac{現在の株価}{税引後1株利益}$	予測される企業のパフォーマンスの尺度。PERが高い場合は、その企業が将来高いパフォーマンスをあげると株式市場が予期していることを意味する。通常は大きいほうが良い。
6. 1株当たりキャッシュフロー	$\dfrac{（税引後利益＋減価償却費）}{発行済み普通株式総数}$	現在のコスト水準以上の活動を行うために利用可能な資金の尺度。

流動性関連の比率

1. 流動比率	$\dfrac{流動資産}{流動負債}$	企業が短期間に資産を現金化し、流動負債を返済できる能力を測る尺度。2から3の間が良い。
2. 当座比率	$\dfrac{（流動資産－在庫）}{流動負債}$	企業が在庫を処分せずに、短期間に流動負債を返済できるかを見る尺度。多くの業界では、この比率が1なら問題がないと見られている。

レバレッジ関連の比率

1. 負債比率	$\dfrac{総負債}{総資産}$	企業の事業活動をどの程度負債によってまかなっているかを見る尺度。高すぎると倒産リスクが高まる。
2. DEレシオ	$\dfrac{総負債}{自己資本}$	企業の事業活動をまかなうために利用している、負債と自己資本の比を見る尺度。一般的に1未満が良い。
3. 利益負担倍率	$\dfrac{税引前利益}{支払利息}$	利益が減少しても利息の支払い義務を果たせる減少幅の尺度。1を大きく上回ることが良い。

事業活動関連の比率

1. 在庫回転率	$\dfrac{売上原価}{平均在庫高}$	在庫がどの程度で回転するかという速さの尺度。多くの業界では在庫回転率が高いほうが良い。
2. 売掛金回転率	$\dfrac{年間掛売り高}{売掛金}$	企業が売掛金を回収するのに要する平均期間の尺度。多くの業界では売掛金回転率が高いほうが良い。
3. 平均回収期間	$\dfrac{売掛金}{1日平均売上高}$	販売後、企業が代金の支払いを受け取るまで、どの程度時間がかかるかという尺度。多くの業界では、回収期間が短いほうが良い。

表1.2 | 2015年と2016年におけるアップルの財務諸表（単位：100万ドル）

	2016年	2015年
売上高	215,639	233,715
売上原価	131,376	140,089
売上総利益	84,263	93,626
販売費および一般管理費	14,194	14,329
研究開発費	10,045	8,067
営業費用合計	24,239	22,396
営業利益（損失）	60,024	71,230
税引前総利益（損失）	61,372	72,515
税引当金	15,685	19,121
税引後純利益	45,687	53,394
在庫	2,132	2,349
総流動資産	106,869	89,378
総資産	321,686	290,345
総流動負債	79,006	80,610
総負債	193,437	170,990
総株主資本	31,251	27,416
留保利益	96,364	92,284

表1.3 | 2015年および2016年におけるアップルの会計比率の例

	2016年	2015年
総資本利益率（ROA）	45,687/321,686=0.14	53,394/290,345=0.18
粗利率	84,263/215,639=0.39	93,626/233,715=0.40
流動比率	106,869/79,006=1.35	89,378/80,610=1.11
当座比率	(106,869−2132)79,006/=1.33	(89,378−2,349)/80,610=1.08
負債比率	193,437/321,686=0.60	170,990/290,345=0.59

ら2156億ドルへと若干減少した。また、アップルは同時期において総資本利益率（ROA）が0.18から0.14へと減少しており、収益性が低下した。一方、売上高粗利率はそれぞれ0.4と0.39と、ほぼ一定である。したがって、売上高は減少したものの、大幅に値下げしたり、プロダクトミックスを低価格商品にシフトさせたりはしなかった様子がうかがえる。よって、売上高の減少が利益の減少を招いた。

　また、流動比率と当座比率はいずれも増加し、改善した。このことは、短期における債務の支払い能力が高まったことを意味する。さらに、負債比率

はほぼ一定である。したがって、アップルは2015年から2016年にかけて、新たな長期負債を引き受けなかったと考えられる。

表1.2と表1.3の情報を全体的に評価すると、アップルは2015年から2016年にかけて非常に健全な財務状況にあったと言える。ただし、2015年の業績が2016年を若干上回っている。

◉競争優位を経済的指標で測定する

競争優位を測定するうえで会計指標を用いる最大のメリットは、その算出が比較的容易な点である。上場企業は、財務諸表を一般に公開することを義務づけられ、非上場企業も通常は会計上のパフォーマンスの一部を公開している。財務諸表さえ手元にあれば、会計比率を計算することは簡単である。会計比率を業界平均と比較すれば、その企業が置かれている競争ポジションについて多くのことがわかる。

しかし、競争優位の会計指標には、少なくとも1つの大きな制約がある。すでに述べたとおり、経済的価値の定義は、「顧客がある企業の製品・サービスに対して支払ってもよいと認識している額（顧客の認知価値）と、その製品・サービスの生産・販売にかかった総コストの差」である。ところが、競争優位の会計指標には、多くの場合ある重要なコストが含まれていない。それは、製品・サービスの生産・販売にかかった資本のコストである。

資本コスト（cost of capital）とは、自社に投資してもよいと思ってもらうために、資本の提供者に対して約束するリターンである。実際に投資してもらえれば、企業はその資本を使って製品やサービスの生産・販売を行える。しかし、将来においてふたたび資本投下を受けたいのであれば、資本の提供者に約束したリターンをしっかり実現しなければならない。そこで、**競争優位を測定する経済的指標**（economic measures of competitive advantage）は、企業のリターンを業界平均と比べるのではなく、自社の資本コストと比べる。

一般に資本の源泉には、大きく2種類ある。銀行または社債権者から得る**負債**（debt）と、自社の株式を購入した個人や機関投資家から得る**株主資本**（equity）である。**負債コスト**（cost of debt）とは、債権者がその企業に貸付けを行ってもよいと思うのに十分な（税引後の）利子率（interest rate）である。**株主資本コスト**（cost of equity）とは、個人や機関投資家がその企業に投資しても

よいと思うのに十分な収益率（rate of return）である。

　また、**加重平均資本コスト**（WACC: weighted average cost of capital）とは、総資本に占める負債の割合に負債コストを乗じた値に、総資本に占める株主資本の割合に株主資本コストを乗じた値を加えた値である。計算式であらわすと、個別企業のWACCは次のようになる。

　　　加重平均資本コスト＝（負債の時価÷自社の時価総額）×税引後の負債
　　　　　　　　　　　　　　コスト＋（自己資本時価÷自社の時価総額）×株
　　　　　　　　　　　　　　主資本コスト　　　　　　　　　　　　　　　（1.1）

　WACCのそれぞれの要素を推定するプロセスは、コーポレート・ファイナンスのテキストには必ず書かれてある。負債コストは、単純に、企業が負債に対して支払わなければならない利子である。**税引後の負債コスト**（after-tax cost of debt）は、1から限界税率を引いた値に負債コストを乗じた値である（支払利息が税控除対象であると仮定した場合）。

　一方、株主資本コストは、自社への投資に対する見返りとして株主に約束する収益率である。株主資本コストは通常、**資本資産評価モデル**（CAPM: Capital Asset Pricing Model）を用いて推定される。CAPMを計算式にあらわすと、次のようになる。

　　　株主資本コスト＝リスクフリーの収益率＋β値×（期待市場収益率－リ
　　　　　　　　　　　スクフリーの収益率）　　　　　　　　　　　　　（1.2）

　この計算式における**リスクフリーの収益率**（risk-free rate of return）とは、無リスク資産（典型的な例としては国債など）の利子率である。**期待市場収益率**（expected market return）とは、十分に分散された株式ポートフォリオから期待できる収益率である。β値は、十分に分散されたポートフォリオに比べて、自社の株式がどれほど高リスクかをあらわす値である。多くの上場企業に関しては、そのβ値が公開されている。

　すなわち資本コストという概念は、「債権者と株主という最も重要な2種類のステークホルダーの経済的目標を満足させるために、企業が達成しなければならないパフォーマンス水準」と言える。

資本コストを上回る水準の利益をあげた企業は、追加的な資本を獲得できる可能性が高い。なぜなら、そのような企業に対しては、多くの債権者や株主（投資家）が資金を追加したいと思うからである。このような企業は、**標準を上回る経済パフォーマンス**（above-normal economic performance）をあげている。そうした企業は、この安価な資本へのアクセスをもとに事業を成長・拡大できる可能性が高い。一般に、競争優位を有する企業は、標準を上回る経済パフォーマンスをあげる。

　資本コストと同じレベルの利益をあげている企業は、**標準的な経済パフォーマンス**（normal economic performance）だと言える。このレベルのパフォーマンスを「標準的」と表現する理由は、株主・債権者が大方想定しているパフォーマンス水準だからである。標準的な経済パフォーマンスをあげている企業は、存続するために必要な資本は手に入るが、繁栄しているとまでは言えない。また、このような企業にとっての成長機会は限られているかもしれない。一般に競争均衡にある企業は、標準的な経済パフォーマンスをあげる。

　資本コストを下回る利益しかあげていない場合、あえて言えばその事業は消滅に向かっていると言える。**標準を下回る経済パフォーマンス**（below-normal economic performance）しかあげていない企業の債権者や株主（投資家）は、他の投資先を探すだろう。その他の投資先とは、少なくとも投資家が想定したリターンを得られる企業、すなわち、標準的な経済パフォーマンスをあげている企業である。標準を下回る経済パフォーマンスしかあげていない企業は、事業を変革しない限り、長期的存続が危ぶまれるだろう。当然、競争劣位にある企業の経済パフォーマンスは、一般に標準を下回っている。

　戦略分析を行ううえで、資本コストとの比較による企業パフォーマンスの測定にはいくつかのメリットがある。最大のメリットは、ある企業が債権者と株主という最も重要なステークホルダーを満足させているか否かを知ることができる点である。これは、その企業が少なくとも資本コストと同じレベルの利益をあげているかどうかで判断できる。

　しかし、このアプローチにも重大な制約がいくつかある。たとえば、企業の資本コストを算出することが困難な場合がある。それは**非公開**（privately held）企業の場合である。つまり、自社株のなかに株式市場で取引されていないものがある企業、あるいはより大きな会社の一事業部門として存在する企業である。この場合、その企業のパフォーマンスを測定するうえでは、会計

比率を用いるしか選択肢がないかもしれない。

　また、経済指標を次のように評価する見解もある。すなわち、会計指標では十分に考慮されていない株主や債権者を取り込んだ点は評価できるが、逆に企業パフォーマンスを測定するうえでこの2つのステークホルダーのみに依存しすぎている。それによって、他のステークホルダーがないがしろにされている、という主張である。この点については、コラム「企業倫理と戦略」で詳しく論じている。

株主vs他のステークホルダー

　企業パフォーマンスをどう定義するか、またそれをどのように測定するかを考えるうえで、「株主および債権者」と「他の利害関係者（ステークホルダー）」をそれぞれどの程度重視すべきか。この点については、さまざまな議論がある。

　株主や債権者以外の**ステークホルダー**（stakeholder）には、サプライヤー、顧客、社員、事業を行う地域コミュニティなどが含まれる。これらのステークホルダーは、株主や債権者と同様、企業に対して多様なかたちで「投資」を行う。したがって、企業から何らかの見返りを期待している。

　まず1つ目の考え方として、企業は株主の利益最大化さえ目指せば、必然的に他のすべてのステークホルダーを満足させられるという見解がある。これは、**残余請求権者の視点**（residual claimants view）に基づく考え方である。この場合、株主は他のステークホルダーの正当な権利がすべて満たされた後に、初めて配当金などの支払いを受ける存在である。

　つまり、株主が支払いを受けるのは、社員の給料やサプライヤーへの代金が支払われ、顧客が満足し、地域コミュニティへの義務が果たされた後である。すなわち、株主利益を最大化させることは、同時に他のすべてのステークホルダーの見返りを保証する行為となる。

　第2の考え方は、株主（および債権者）と他のステークホルダーの利害は多くの場合対立しており、株主の利益最大化は必ずしも他のステークホルダーの満足につながらないとする見解である。たとえば、顧客は企業に対してな

るべく高品質・低価格な製品を生産してほしいと思うかもしれないが、同じ企業の株主は、なるべく低品質・高価格な製品を生産してほしいと思うかもしれない。その分、株主に配当できる余剰資金が増えるからだ。

　また、社員は勤め先の会社に対し、長期にわたる安定したパフォーマンスを目指してほしいと思うかもしれない。なぜなら、雇用の安定につながるからだ。それに対して株主は、社員の安定雇用を犠牲にしてでも短期的な利益を追求してほしいと思うかもしれない。さらに、株主と地域コミュニティの利害が対立することもある。たとえば環境に配慮した行動をとることが非常に大きな費用を伴い、企業の短期的パフォーマンスを損ねる可能性がある場合は、特に対立が顕著になるだろう。

　このような議論は、社会のさまざまな場面で展開されている。たとえば、米国経済のグローバル化に反対する団体は、次のように主張している。多くの企業は生産やマーケティングなどの戦略を選ぶうえで株主利益最大化を重視しており、そのことが往々にして他のステークホルダーの不利益になっている。こうした団体は、グローバル企業が開発途上国において生産などの事業活動を展開することにより、現地社会の労働者や環境、文化にもたらされる影響を懸念している。

　それに対してグローバル企業の幹部は、「自分たちには株主利益を最大化する義務がある」と反論する。この問題をめぐっては白熱した議論が続いており、近いうちに収束する見込みは薄いだろう。[注12]

出典：Copeland, T., T. Koller, and J. Murrin (1995). *Valuation: Measuring and managing the value of companies*. New York: Wiley; Donaldson, L. (1990). "The ethereal hand: Organizational economics and management theory." *Academy of Review*, 15, pp. 369–381；および Freeman, E., J. Harrison, A. Wicks, B. Parmar, and S. de Colle (2010). *Stakeholder Theory: The State of the Art*. Cambridge: Cambridge. University Press.

●経済パフォーマンス指標と会計上のパフォーマンス指標の関係

　競争優位を測定する経済指標と会計指標の間には、強い相関関係がある。つまり、一方の指標において高いパフォーマンスを示した企業は、もう一方の指標においても高いパフォーマンスを示す可能性が高い。反対に、一方の指標において低いパフォーマンスを示した企業は、もう一方の指標においても低いパフォーマンスを示す傾向にある。したがって一般に、競争優位、会計

図1.5 | 競争優位と企業パフォーマンス

競争優位 ━━▶ 平均を上回る会計上のパフォーマンス ━━▶ 標準を上回る経済パフォーマンス

競争均衡 ━━▶ 平均的な会計上のパフォーマンス ━━▶ 標準的な経済パフォーマンス

競争劣位 ━━▶ 平均を下回る会計上のパフォーマンス ━━▶ 標準を下回る経済パフォーマンス

上のパフォーマンス、経済パフォーマンスの間には、**図1.5**で示したような関係が成り立つ。

しかし、ある企業が平均を上回る会計上のパフォーマンスをあげていながら、標準を下回る経済パフォーマンスしかあげていないという状況もあり得る。たとえば、自社の資本コストはまかなえていないが、会計上のパフォーマンスでは業界平均を上回っているような状況である。また、平均を下回る会計上のパフォーマンスしかあげていなくても、標準を上回る経済パフォーマンスをあげる企業も存在する。これはたとえば、自社の資本コストが非常に低く、それをまかなうレベルの利益をあげてはいるが、依然としてその利益が業界平均を下回っているような場合である。

⦿──創発戦略と意図的戦略

到達目標 1.4
創発戦略と意図的戦略の違いを説明できるようになる。

企業戦略を最もシンプルに考える方法は、「企業は図1.1で示した戦略経営プロセスのとおりに戦略を選択し実行する」と仮定してしまうことである。つまり企業は、まず明確なミッションと目標を設定し、それから外部環境・内部環境の分析を行い、戦略を選択し、その戦略を実行する、と想定するのである。そして実際のところ、多くの企業はこのようなプロセスに従って戦略を選択・実行している。

たとえば、翌日配達サービスにおいて世界をリードしているフェデックス（FedEx）は、この業界における「競争優位獲得のセオリー」を入念に練ったうえで業界に参入した。フェデックス（当時の社名はフェデラル・エクスプレス）創

業者のフレッド・スミス（Fred Smith）が最初にこのセオリーをかたちにしたのは、イェール大学在学時に企業経営の授業で課された期末レポートだった。伝わるところによれば、この期末レポートの評価は「C」というあまり思わしくないものだったらしい。

　しかし、このレポートで提案された「翌日配達サービス業界における競争優位のセオリー」に基づいて創設された会社は、非常に優れた業績を残してきた。1971年に創業されたフェデックスは、2016年には500億ドル強の売上高を記録し、40万人の従業員を抱えるまでに成長したのである。^{（注13）}

　一方、入念かつ明確な戦略を持って事業をスタートしたものの、それを市場で実行したところ戦略を大きく転換する必要が生じ、創業時のセオリーとは似ても似つかない戦略をとるにいたる企業も存在する。**創発戦略**（emergent strategy）とは、ある業界において時間の経過とともに出現してくる競争優位獲得のセオリーであり、また、当初実行されてからのちに劇的にかたちを変えたセオリーのことである。^{（注14）}

　いくつかの有名企業は、少なくとも部分的に創発的性質を持った戦略をとっている。たとえば、ジョンソン・エンド・ジョンソンは、もともと消毒用ガーゼや医療用石膏のサプライヤーであり、消費者向け事業は一切行っていなかった。同社はある時、医療用石膏のユーザーから皮膚の炎症が起きたというクレームが出たため、その石膏製品をタルカムパウダーの小袋と併せて販売するようになった。するとたちまち、タルカムパウダーを単体で買いたいという顧客が出現し、同社は「ジョンソンの化粧用・乳幼児用パウダー」を発売したのである。

　その後、ある社員が料理中によく指を切る妻のために、すぐに使える救急絆創膏を発明した。それを耳にしたマーケティング部のマネジャーは、この発明の商品化を決めた。この商品「バンドエイド」は、いまやジョンソン・エンド・ジョンソンにおいて最大の売上高を誇るブランドカテゴリーである。ジョンソン・エンド・ジョンソンの当初の「意図された戦略」は、大きく言えば、医療用製品市場で事業を展開することであった。しかしいまでは、消費者向け製品という創発戦略が総売上げの40％以上を占めている。

　実は、マリオット・コーポレーション（Marriott Corporation、以下マリオット、世界最大クラスのホテルチェーン）が現在とっている戦略も創発戦略である。マリオットはもともとレストラン事業を営んでおり、1930年代後半には8つの

レストランを所有・経営していた。そのうちの1つはたまたまワシントンDCの空港の近くにあった。この店の責任者は、飛行機の乗客が機内で食べるものを買うためによく自分たちの店にやってくることに気づいた。

このトレンドに注目したマリオット創業者のJ・ウィラード・マリオット（J. Willard Marriott）は、イースタン航空（Eastern Airlines）と交渉し、マリオットのレストランがイースタン航空の飛行機に直接弁当を届けるビジネスを確立した。このサービスは、のちにアメリカン航空（American Airlines）にも提供されるようになった。その後、航空会社への食事配達サービスは、マリオットの中核事業にまで成長した。マリオットの当初の「意図された戦略」はレストラン事業を営むことであったが、いまでは世界中の100を超える空港で食事配達サービスという創発ビジネスを展開している。^(注15)

当然、創発戦略を、「戦略経営プロセスの適用に失敗した企業のための戦略」ととらえる人もいるかもしれない。つまり、「戦略経営プロセスを正しく適用さえすれば、当初選んだ戦略を根本的に変える必要など出てこないはずだ」という発想である。

しかし実際には、戦略を選択する段階で、戦略経営プロセスの完遂に必要な情報がすべてそろっていることはめったにない。すでに述べたとおり、このような状況に置かれた企業は、業界における今後の競争の展開について、「ベスト・ベット（最善の賭け）」に出るしかない。また、競争優位を目指すうえでは、戦略経営プロセスを完遂する能力だけでなく、業界のトレンドに応じて素早く戦略を切り替える能力も重要となる。その意味においては、創発戦略はベンチャー企業などにとって特に重要となるだろう。

◉──戦略を学ぶ意義とは

到達目標 1.5
戦略や戦略経営プロセスについて学ぶことがなぜ重要なのかを議論できるようになる。

学生が戦略や戦略経営プロセスについて学ぶことの必要性は、一見すると明らかではない。なぜなら、戦略の選択と実行は、通常は企業の経営幹部が行うことであって、ほとんどの学生にとってそのような立場に就くのは何年

も先のことだからである。これらのトピックについて、いますぐ学ばなければならない理由は何なのだろう。

　実際のところ、戦略や戦略経営プロセスをこの時期に学ぶことには、少なくとも３つの重要な意味がある。

　第１に、自分が職を得ようと思っている企業が、どんな戦略をとっているかを分析するうえで必要なツールが手に入る。すでに見てきたとおり、企業の戦略はその競争優位にきわめて大きな影響を与える。ある企業でのキャリア機会は、大方その企業の競争優位の状況が左右する。したがって、就職・転職先を選んでいく際に、ある企業の「競争優位を獲得するためのセオリー」について理解することは、その企業が提供するキャリア機会を評価するうえで不可欠である。競争優位につながらない戦略を選択し実行している企業はほとんどの場合、競争優位につながる戦略を選択し実行している企業のようなキャリア機会は提供できない。これらの戦略を見分ける能力は、キャリア選択をするうえで非常に重要である。

　第２に、実際に職を得てからも、自分が勤務する会社の戦略や、その戦略の実行における自らの役割を理解することは、仕事で成功するために不可欠である。多くの場合、同じ業務であっても、企業が追求している戦略によって社員に期待される業務の遂行法は異なる。

　たとえば第２部(中巻)で見ていくように、コスト・リーダーシップ戦略をとっている企業と製品差別化戦略をとっている企業とでは、会計業務が果たす役割が大きく異なる。マーケティングや生産についても同じである。自分の会社が実際には製品差別化戦略をとっているにもかかわらず、コスト・リーダーシップ戦略をとっているかのように会計・マーケティング・生産などに取り組んだ場合、そのような社員は会社にとってあまり有効な業務遂行を果たしているとは言えない。

　第３に、たしかに大企業においては、非常に経験豊富な上級マネジャーがもっぱら戦略の選択を行う。しかし、より小規模なベンチャー企業などでは、多くの社員が戦略経営プロセスに関わる可能性がある。いずれはこのような小規模ベンチャーで働くことがあるかもしれない。そうなった場合、戦略経営チームの一員として戦略経営プロセスを実践したり、自社が実行すべき戦略を選択する立場にいることは十分あり得る。この場合、戦略の選択と実行の基本になる考え方に精通していることは、結果的に大きく役に立つに違い

ない。

　より広い視点から言えば、戦略や戦略経営プロセスについて学べば、どの職場でも役に立つスキルが身につく。たとえば、テキストを通してさまざまな理論やモデルについて学び、実際のケースに応用していくことを通じて、ビジネス・コミュニケーション・スキルが身につく。こうしたスキルはクラスメートや講師と議論を重ね、自分の見解が正しいということを立証していくプロセスで習得される。

　また、本書で紹介している理論やモデルをさまざまなケースに応用し、それらのケースについて自分の意見を組み立てていくことにより論理的思考能力が身につく。それぞれのケースには、質的・量的データがたくさん盛り込まれているため、それらを分析することはデータリテラシーの向上にもつながるだろう。

　最後に、各章には企業倫理と戦略に関するコラムもあるので、ビジネスにおける倫理上の問題と向き合うことができる。したがって学生は、本書を通して戦略や戦略経営プロセスについて知るだけでなく、より広範なビジネス教養も身につけることができる。こうした知識は、この先どのような道に進んだとしても、より大きな成功につながるだろう。

本章の要約 Summary

　戦略とは、ある企業の「競争優位を獲得するためのセオリー」である。こうしたセオリー（理論）は、すべての理論がそうであるように、一定の仮定や仮説に基づいている。企業戦略の場合、それは「業界において今後どう競争が展開していくか」に関する仮定や仮説である。こうした仮定・仮説が実際の競争の展開に近いほど、その企業の戦略は競争優位をもたらす可能性が高い。

　戦略を選択する1つの方法として、戦略経営プロセスがある。このプロセスは、可能な限り「良い戦略」、すなわち、競争優位につながるような戦略を選択するために、企業が行うべき一連の分析・決定である。

　戦略経営プロセスの出発点は、ミッションを設定することである。これは、その企業の長期的目標である。ミッションは多くの場合、ミッション・ステートメントとして文書化される。ミッション・ステートメントそのものはパフォーマンスにまったく影響しない場合もあれば、パフォーマンスを向上、ま

たは低下させる場合もある。

　次に、目標は、企業がミッションを達成している程度を評価するために用いる測定可能なマイルストーン(指標)である。外部環境分析・内部環境分析は、外部環境における脅威や機会、あるいは組織の強みや弱みを評価するプロセスである。これらの分析を終えれば、企業は戦略の選択を行うために必要な素材が手に入る。

　なお、戦略は、次の2つのカテゴリーに分類できる。事業戦略(コスト・リーダーシップ、製品差別化、柔軟性、共謀など)と、全社戦略(垂直統合、戦略的提携、多角化、合併・買収)である。そして戦略の選択に続くのは、戦略の実行である。戦略の実行は、戦略に見合った組織構造、経営管理方針、報酬スキームを選んでいく過程である。

　最後に、戦略経営プロセスの最終的な目的は、競争優位の実現である。競争優位を持つ企業とは、競合企業と比べてより多くの経済的価値を生み出している企業である。経済的価値とは、「顧客がある企業の製品・サービスに対して支払ってもよいと認識している額と、その製品・サービスの生産・販売にかかった総コストの差」である。

　また、競争優位は、一時的なものと持続的なものに分かれる。競争均衡とは、ある企業がライバルと同じレベルの経済的価値を生み出している状態であり、競争劣位とは、ある企業がライバルを下回る経済的価値しか生み出していない状態である。競争劣位にも一時的なものと持続的なものがある。

　競争優位の測定によく使われる指標は、会計上のパフォーマンスと経済パフォーマンスである。会計上のパフォーマンスでは、貸借対照表や損益計算書をもとに算出されたさまざまな会計比率を用いて競争優位を測定する。経済パフォーマンスでは、企業のリターンを資本コストと比較する。資本コストとは、自社に投資してもよいと思わせるために債権者や株主に対して約束したリターン(収益率)のことである。

　多くの企業は戦略経営プロセスに従って戦略の選択と実行を行っているが、なかには他のかたちで戦略を選択する企業もある。たとえば、業界の競争構造に生じた予期せぬ変化を受け、事後的に採用される戦略もある。

　戦略や戦略経営プロセスを学ぶべき理由は、少なくとも3つある。第1に、就職先を選ぶことに役立つからである。第2に、企業で取り組む業務において成功を収めるうえで役立つからである。第3に、小規模なベンチャー企業な

どで働く場合、入社当初から戦略や戦略経営プロセスに関わる可能性がある
からである。

チャレンジ問題 Challenge Questions

1.1 企業は、年次報告書、レターヘッド、広告などにミッション・ステートメントを含めることで広く世間に知らしめようとする。企業のこうした活動を踏まえたうえで、「ミッション・ステートメントが持続的な競争優位の源泉になるか」という点について考察せよ。

1.2 「戦略とは何か」「戦略に取り組むということにはいかなる活動が伴うのか」を簡潔に述べよ。

1.3 ミッション・ステートメントを公式な文書として定めたとしても、それが企業のパフォーマンス向上につながるということを実証する証拠はほとんど存在しない。それにもかかわらず、多くの企業はミッション・ステートメントの策定に多くの時間とお金を費やす。これはなぜか。

1.4 企業 I は、30ドルのコストで220ドルの顧客価値を創出している。一方、企業 II は、50ドルのコストで200ドルの顧客価値を創出している。両社を比較し、企業 I の競争優位の源泉が何かを答えよ。また、企業 I のような競争優位を持つ企業の実例を挙げよ。

1.5 相対的に規模の小さい企業が、ライバル企業に対して競争優位を持続させる手段としては、何があるか。

1.6 外部環境分析と内部環境分析とでは、強いて言うならばどちらを先に行うべきか。

1.7 「外部環境分析と内部環境分析は、どちらを先に行っても変わりはない」と言うのであれば、それはなぜか。

1.8 持続的競争劣位にある企業は必ず倒産すると言えるか。

1.9 企業の解散時に、株主に対して分配が行われるのは他のすべてのステークホルダーを満足させた後になることを説明する合理的根拠は何か。

1.10 意図的戦略と創発戦略の違いは何か。また、創発戦略のほうが実践的であ

ると言えるのはなぜか。

1.11 全社戦略と事業戦略の違いは何か。

1.12 企業が競争優位と競争劣位を同時に持つことは可能か。

演習問題 Problem Set

1.13 次の各々のミッション・ステートメントに対して、適切な目標を考案せよ。
(a) わが社は、創薬における革新のリーダーを目指す。
(b) わが社の第一目標は、顧客満足の達成である。
(c) わが社は、オンタイムの配達を約束する。
(d) わが社は、製品品質を第一に優先する。

1.14 次の目標の測定結果を戦略計画に役立てたい。より実用的なものとなるよう目標の内容を書き換えよ。
(a) 生産性の向上
(b) 製品の機能を毎年強化させていく
(c) 原材料のコスト低減
(d) 多くの顧客を喜ばせる

1.15 次のような業績を残した企業の経済パフォーマンスは、「標準を上回る」「標準的」「標準を下回る」のうちどれか。
(a) ROA = 14.3%、WACC = 12.8%
(b) ROA = 4.3%、WACC = 6.7%
(c) ROA = 6.5%、WACC = 9.2%
(d) ROA = 8.3%、WACC = 8.3%

1.16 次のそれぞれの場合において、その企業の相対的なパフォーマンス水準、ならびに絶対的なパフォーマンス水準について論評せよ。
(a) WACC < ROA < 業界平均ROA
(b) WACC > ROA > 業界平均ROA
(c) ROA > 業界平均ROA > WACC
(d) ROA < 業界平均ROA < WACC

1.17 ある企業が標準を上回る経済リターンを得ていながら、平均を下回る会計上のリターンしか得ていないという状況はあり得るか。標準を下回る経済リターン

と平均を上回る会計上のリターンの場合はどうか。それぞれ理由を述べよ。「あり得る」とするならば、経済パフォーマンスと会計上のパフォーマンスのどちらを信用するべきか。それはなぜか。

1.18 次の企業のウェブサイトに目を通し、それぞれの企業が現在とっている戦略が創発戦略か、意図的戦略か、あるいは創発的要素と意図的要素が混ざった戦略かを見定めよ。なぜそう言えるのか、サイトから得た根拠をもとに答えよ。

(a) www.lenovo.com

(b) www.mercedes-benz.com

(c) www.airtel.in

1.19 下記の情報（単位は百万ドル）をもとに、この企業のROA、ROE、粗利率、当座比率をそれぞれ計算せよ。この企業のWACCが6.6%であり、この企業が属する業界の平均的なROAが8%である場合、この企業の経済パフォーマンスは標準を上回るか、下回るか。会計上のパフォーマンスは平均を上回るか、下回るか。

売上高	6,134	運転資金	3,226	その他の営業上資産純額	916
売上原価	(4,438)	売掛金	681	総資産	5,161
販売費および一般管理費	(996)	在庫	20	純流動負債	1,549
その他流動資産	0	長期負債	300	その他経費	(341)
総流動資産	3,927	繰延べ法人税	208	利息収入	72
有形固定資産	729	優先株	0	支払利息	(47)
留保利益	0	税引当金	(75)	減価償却累計額	(411)
普通株	3,104	その他利益	245	有形固定資産総額	318
その他負債	0	純利益	554	のれん	0
負債および株主資本合計	5,161				

1.20 ビジョナリー・カンパニーは、どのような取り組みのおかげで平均的な企業を大きく上回る利益をあげていると考えられるか。

1.21 ある企業のビジネスモデルと価値提案の関係とは何か。

1 Michael McWhertor, "Nintendo, Google, and Pokemon Company Invest in Pokemon Go Developer," *Polygon*, Vox Media, 2015年10月15日アクセス ; "Company History: The Pokemon Company," 2014年7月21日アクセス ; "Google April Fools Prank Puts Pokemon in the Real World," CNET, 2016年7月8日アクセス ; Dean Takahashi, "Pokemon Go Chief Promises Player Battles, Live Events, More Creatures, and Stable Servers," VentureBeat, 2016年9月15日アクセス ; Don Reisinger, "Here's How Apple Could Generate $3 Billion on Pokemon Go," Fotune.com, 2016年11月1日アクセス ; Walter Chen, "How Pokemon Go Is Driving Insane Amounts of Sales at Small, Local Businesses," Inc.com, 2016年11月1日アクセス ; Rafi Letzter, "Pokemon Go Players Have Walked Far Enough to Reach the Sun from Neptune," Uk.businessinsder.com, 2016年11月1日アクセス。

2 戦略に関するこの定義が最初に提起されたのは、Drucker, P. (1994). "The theory of business." *Harvard Business Review*, 75, 9–10月号, pp. 95–105 (邦訳「『事業の定義』を創造的に破壊する　企業永続の理論」『DIAMONDハーバード・ビジネス・レビュー』1995年1月号)である。

3 以下を参照。Bart, C.K., and Beatz, M.C. (1998). "The relationship between mission statements and firm performance: An exploratory study," *Journal of Management Studies*, 35(6): 823–853; Bartkus, B., Glassman, M., and McAfee, B. (2000). "Mission statements: Are they smoke and mirrors?" *Business Horizons*, 11月／12月号: 23–28; およびSmith, M., Heady, R., Cason, P., and Cason K. (2003). "Do Missions Accomplish Their Missions?: An Exploratory Analysis of Mission Statement Content and Organizational Longevity," *Journal of Applied Management and Entrepreneurship*, 6(1): 75–96.

4 www.enron.com. を参照。

5 Emshwiller, J., D. Solomon, and R. Smith (2004). "Lay is indicted for his role in Enron collapse." *The Wall Street Journal*, 7月8日, pp. A1+; Gilmartin, R. (2005). "They fought the law." *BusinessWeek*, 1月10日, pp. 82–83を参照。

6 こうした業績をもともと紹介した文献は、Collins, J. C., and J. I. Porras (1994). *Built to last: Successful habits of visionary companies*. New York: HarperCollins (邦訳『ビジョナリー・カンパニー』山岡洋一訳、日経BP社、1995年)である。

7 Collins, J. C., and J. I. Porras (1994). *Built to last: successful habits of visionary companies* (邦訳『ビジョナリー・カンパニー』山岡洋一訳、日経BP社、1995年)

8 ヤフーの来歴については以下にまとめてある。"Yahoo Rejects Microsoft's Bid," CNET.com, 2016年11月1日アクセス ; Nicholas Carlson, "Jerry Yang's Last Laugh," businessinsider.com, 2016年11月1日アクセス ; および"Verizon Buys Yahoo for $4.8 Billion," CNBC.com, 2016年11月1日アクセス。

9 競争優位は企業戦略の分野において長らくこう定義されてきた。たとえばこの定義はBarney (1986, 1991) およびPorter (1985) に提示されている定義と密接に関係している。また、Peteraf (2001)、Brandenburger and Stuart (1999)、およびBesanko, Dranove, and Shanley (2000) に提示されているバリューベース・アプローチとも整合性を持つ。この定義に関する詳しい議論はPeteraf and Barney (2004) を参照。

10　Mueller, D. C. (1977). "The persistence of profits above the norm." *Economica*, 44, pp. 369–380; Roberts, P. W. (1999). "Product innovation, product-market competition, and persistent profitability in the U.S. pharmaceutical industry." *Strategic Management Journal*, 20, pp. 655–670; Waring, G. F. (1996). "Industry differences in the persistence of firm-specific returns." *The American Economic Review*, 86, pp. 1253–1265; McGahan A., and M. Porter (2003). "The emergence and sustainability of abnormal profits." *Strategic Organization*, 1(1), pp. 79–108.

11　Osterwalder, A., and Y. Pigneur (2010). *Business Model Generator*. NY: Wiley（邦訳『ビジネスモデル・ジェネレーション』小山龍介訳、翔泳社、2012年）; George, G., and A. J. Bock (2011). "The business model in practice and its implications for entrepreneurial research." *Entrepreneurship: Theory and Practice*, 35(1), 83–111; Zott, C., R. Amit, and L. Massa (2010). "The Business Model: Theoretical Roots, Recent Development, and Future Research." Working Paper 862, IESE, Barcelona, Spain.

12　Copeland, T., T. Koller, and J. Murrin (1995). *Valuation: Measuring and managing the value of companies*. New York: Wiley; Donaldson, L. (1990). "The ethereal hand: Organizational economics and management theory." *Academy of Review*, 15, pp. 369–381; およびFreeman, E., J. Harrison, A. Wicks, B. Parmar, and S. de Colle (2010). *Stakeholder Theory: The State of the Art*. Cambridge Cambridge University Press.

13　フェデックスの歴史についてはTrimble, V. (1993). *Overnight success: Federal Express and Frederick Smith, its renegade creator*. New York: Crown に述べてある。

14　Mintzberg, H. (1978). "Patterns in strategy formulation." *Management Science*, 24(9), pp. 934–948; およびMintzberg, H. (1985). "Of strategies, deliberate and emergent." *Strategic Management Journal*, 6(3), pp. 257–272. ミンツバーグは、戦略研究を拡張し創発戦略の考え方を包含させた第一人者である。

15　ジョンソン・エンド・ジョンソンおよびマリオットが創発戦略をとった経緯は、Collins, J. C., and J. I. Porras (1994). *Built to last: Successful habits of visionary companies*. New York: HarperCollins（邦訳『ビジョナリー・カンパニー』山岡洋一訳、日経BP社、1995年）に述べてある。

第2章

外部環境の分析

Evaluating a Firm's External Environment

本章では、以下を習得する。

2.1 企業を取り巻く一般的外部環境を構成する要素を漏れなく挙げ、
それらが企業にとっての機会や脅威にどのような影響をもたらすかを
明らかにできるようになる。

2.2 「業界構造が企業による競争上の選択に影響する」という
業界構造－企業行動－パフォーマンス・モデル（SCPモデル）の論理を
正しく説明できるようになる。

2.3 外部環境に存在する5つの脅威を挙げ、それぞれの脅威が
どのような条件下で特定業界の魅力度（利益のあがりやすさ）を増大、
もしくは減少させるかを述べられるようになる。

2.4 業界内の競争を分析するうえで、補完財が果たす役割について
論じられるようになる。

2.5 業界構造の基本類型を4つ挙げ、それぞれの業界に存在する具体的な
戦略的機会について述べられるようになる。

●音楽ストリーミングビジネスの魅力とは

　きっかけは、あるシンプルな発想だった。すなわち、「アップルのiTunesのようなオンライン小売業者から音楽を購入してダウンロードする代わりに、リスナーが聴きたい曲だけを聴きたい時に配信するサービスによって、音楽の『貸し出し』を行ってみてはどうか」という発想である。そこから生まれたのが音楽ストリーミングビジネスだ。

　史上初の音楽ストリーミングサービスを生み出したのは、リアルネットワークス（RealNetworks）である。同社は1990年代にインターネット上のストリーミング技術の開発に取り組み、成功を収めた。当初のRealOne Rhapsodyから、のちにRhapsodyという名に短縮された同社の音楽ストリーミングサービスは、9.95ドルの月額料金と引き換えに、33万曲以上ある自社の音楽ライブラリーから好きな時に好きな曲をストリーミング（配信）できるものだった。同サービスは2003年4月にリリースされ、2009年までに80万人の登録ユーザーを獲得した。

　他の配信サービスも続いた。たとえばパンドラ（Pandora）、スラッカー・ラジオ（Slacker Radio）、MOGは、いずれも2005年に音楽ストリーミング業界に参入した。スポティファイ（Spotify）が立ち上げられたのは2008年のことである。

　音楽ストリーミング業界に参入する企業の数は2000年代前半にはすでに増えつつあったものの、同業界が本格的に成長し始めたのは2000年代後半にスマートフォンが普及してからだった。初期の携帯電話はその名のとおり、持ち運んで使える電話にすぎなかったが、スマートフォンはコンピュータの高機能性、携帯端末の利便性、メディアプレーヤーの機能を兼ね備え、これらすべてがインターネットにつながっている。スマートフォンの世界的な販売台数は、2010年だけで3億台にのぼった。

　スマートフォンは、消費者にとって音楽ストリーミングサービスの価値を飛躍的に高めた。こうした商品価値の向上は、ストリーミングサービスのユーザー数にも如実に反映されている。たとえばパンドラは、2008年に初めてスマートフォン用のアプリをリリースした時、ユーザー数が2倍近くに増えた。同サービスのユーザー数は、2013年になると全世界で月々7000万人以上に達したのである。

　音楽ストリーミング業界が成長したことにより、予想どおり新たな競合が

出現し始める。たとえば、2013年にはグーグルが（Google Play Music All Access を通して）、2014年にはアマゾン・ドット・コム（Amazon.com、以下アマゾン）が（自社の Amazon プライム商品に関連した音楽ストリーミングサービスを通して）、2015年にはアップルが（Apple Music を通して）、それぞれ音楽ストリーミング市場に参入した。こうした新規競合サービスのなかには、既存企業によっては提供されない機能を備えるものもあった。たとえば Apple Music は、他社と同価格帯ながらも、多くのアップル製品に搭載されている Siri 機能を生かすことで、音楽ライブラリーへの容易なアクセスを実現した。

音楽ストリーミングは、音楽業界の経済的構造にも根本的変化をもたらした。2011年には、米国におけるデジタル音楽の売上げが、史上初めて物理媒体の音楽売上げを上回った。2015年になると、音楽ストリーミングは米国音楽市場の34.3％を占め、次に音楽ダウンロード34％、物理媒体の売上げが28.8％と続いた。

音楽ストリーミングの普及に伴い、音楽業界の大物たちも動きを活発化させている。背景には、音楽ストリーミングが生み出す利益に対して、アーティストたちが自分から見た「正当な取り分」を要求するようになってきているという事情がある。

一方で、テイラー・スウィフトをはじめとする一部のアーティストは、オンラインストリーミングサービスによって自らのロイヤルティ収入が損なわれているとして、これらのサービスから自身の音楽カタログを取り下げている。他方、ジェイ・Z をはじめとするその他のエンタテイナーのなかには、より「アーティスト優遇的な」方針に基づくストリーミング事業を自ら立ち上げた者もいる。ジェイ・Z が立ち上げた Tidal という名のストリーミングサービスには、ビヨンセ、ダフト・パンク、マドンナ、カニエ・ウェスト、リアーナなど名だたるアーティストが楽曲を提供している。さらに特定のストリーミングサービスと提携し、新曲の独占リリースを行ってきたアーティストもいる。たとえば、ドレイクは2016年のアルバム「Views」を Apple Music を通して独占リリースし、ビヨンセの新アルバム「Lemonade」は Tidal を通してのみストリーミングされた。

たしかに音楽ストリーミング業界においては、莫大な数のユーザー（Apple Music はリリース後たった6カ月で1100万人のユーザーを獲得）が生まれ、一部の企業は莫大な売上高（スポティファイ・テクノロジーの収益は2014年に10億

ユーロを突破)を獲得し、各社はこれまで何十億ドルもの金融資本を調達してきた。それにもかかわらず、安定して利益を獲得できている音楽ストリーミング企業はほとんど存在しない。

この利益率の低さの要因として、音楽ストリーミング企業がユーザー獲得のためにおびただしい数と種類の音楽へのアクセスを確保しなければならない一方、音楽制作はソニー・ミュージックエンタテインメント、ユニバーサルミュージック(Universal Music)グループ、ワーナー・ミュージック(Warner Music)・グループの3大企業によって支配されているという点が挙げられる。この3社は、合わせると世界中で制作されている音楽の4分の3をコントロールしており、その音楽へのアクセスに対して多額のライセンス料を要求している。たとえばスポティファイは、ユーザーが満足するような音楽ライブラリーを確保するために、こうしたレコード会社に対して売上げの70%以上を支払わなければならない。

こうして見ると、音楽ストリーミング業界においては高い成長率や多額の売上げが、必ずしも高い利益にはつながっていないことがわかる。^(注1)

それでは実際のところ、音楽ストリーミング業界はどの程度魅力的なのだろうか。競合の数は多く、各社の製品が比較的均質であるなど、業界における企業間の競争は激しそうである。業界には新規の競合サービスが次々に参入しており、こうしたなかにはアップル、グーグル、アマゾンなど、競争力の高い有力企業も含まれる。業界は成長しているが、2015年には音楽ダウンロードと物理媒体の売上げが依然として米国における音楽売上げの63%を占めるなど、ストリーミングサービスと近似性の高い代替品も根強い。

音楽の供給元としてのアーティスト、そしてレコード会社は特にそうだが、ストリーミングサービスに提供する音楽に対して多額の報酬を要求、確保している。また、特定のストリーミングサービスに対する顧客ロイヤルティ(忠誠度)は低い。そして音楽ストリーミングの商品価値は、依然としてスマートフォン市場の成長に依存している。

端的に言って、この業界で利益をあげることは困難である。

本章では、「企業が経営活動を行っている業界の魅力」を分析する際に役立つ、一連のモデルやツールを紹介する。まず初めに、ある企業の広域的な外部環境の「トレンド(傾向)」を評価する方法について議論し、続いて企業が特

定の業界内で直面する脅威や機会を分析する方法へと話を進めていく。

●── 一般的外部環境の分析

到達目標 2.1
企業を取り巻く一般的外部環境を構成する要素を漏れなく挙げ、それらが企業にとっての
機会や脅威にどのような影響をもたらすかを明らかにできるようになる。

　企業が直面している脅威や機会に関するあらゆる分析は、必ずその企業が
経営活動を行っている一般的外部環境を理解することから始めなければなら
ない。**一般的外部環境**（general environment）とは、企業が経営活動を行っ
ている背景にある、戦略的選択に影響をもたらし得る大きな「トレンド（傾向）」
である。

　一般的外部環境は、**図2.1**で図示したとおり、6つの相互連関的な要素に
よって構成される。すなわち、技術の変化、人口動態の傾向、文化的傾向、経
済環境、法的・政治的情勢、特定の国際的事象、である。本節では、一般的
外部環境を構成するこれら各要素について議論する。

　第1の要素は、技術の変化である。1899年、当時の米国特許庁長官チャー
ルズ・H・デュエルは、「世の中で発明し得るものは、およそ発明され尽くし
てしまった」^(注2)と言った。しかし、この見解は誤っていた。ここ数年の技術革新

図2.1 | 企業を取り巻く一般的外部環境

は、ビジネスの遂行方法、販売する製品やサービスに大きな影響をもたらしている。

　こうした影響は、コンピュータやインターネット、携帯電話等々、デジタル情報を応用した技術において特に顕著である。ほんの数年前まで存在すらしなかったデジタル製品やデジタルサービスを、われわれは日常的に使っている。ただし、急速な技術革新はデジタル技術に限った話ではない。

　ここ10年において、バイオテクノロジーも急速に進歩した。そのおかげで、現在数々の新薬が開発されつつある。また同じく重要なこととして、バイオテクノロジーは病気の予防や治療に関しても、まったく新しい手法を生み出す可能性を秘めている。^(注3)

　技術の変化とは、機会と脅威の双方を生み出す。機会は企業が新製品や新サービスを開発するために技術の新たな活用法を探索するチャンスであり、脅威は技術の進歩によって企業が技術戦略の見直しを迫られることである。

　一般的外部環境を構成する第2の要素は、人口動態の傾向である。人口動態（demographics）とは、年齢、性別、配偶者の有無、収入、人種など、購買パターンの決定要因となり得る個人的属性に基づいて一定地域の人々の分布を示した情報である。特定の地域に関するこのような基本情報を分析することは、自社の製品やサービスが顧客にとって魅力的なものになっているか、あるいは、自社の製品やサービスに対してどれほどの潜在顧客が存在するかを知ることに役立つ。

　いくつかの人口動態の傾向は、非常に広く知られている。たとえば、多くの人々は「ベビーブーム世代（ベビーブーマー）」（1946〜1964年生まれ）、「ジェネレーションX」（1965〜1976年生まれ）、「ミレニアル世代」（1977〜1995年生まれ）、「iジェネレーション」（1996年生まれ以降）などという分類を耳にしたことがあるだろう。研究によれば、上記の各グループにはビジネスにとって重要な意味を持つ傾向がいくつか存在する（無論、各世代カテゴリー内で個人差が存在するのはもちろんのことだが）。^(注4)

　たとえば、典型的なベビーブーマーは、お金に対して、「いま買って、支払いは後」という態度で、老後のために十分な貯蓄をしてこなかった人が多い。他方、ジェネレーションXは、お金の使い方が非常に控えめな傾向にあり、将来のために積極的に貯め込む。平均的なミレニアル世代は、生活に必要な分だけを稼ぎ、ベビーブーマー同様あまり貯蓄をしない。一方、iジェネレーシ

ョンに関しては、就労年齢に達し始めたばかりなので、その金銭的傾向については まだ明らかになっていない。

　金融サービス企業であれば、自社が提供する商品をこうしたさまざまな顧客層の関心に合わせることを求められる。たとえばベビーブーマーは貯蓄が苦手なので、この世代の顧客には財形貯蓄制度など、貯蓄のコストを下げる金融サービスが人気だろう。それに対してジェネレーションＸの顧客は、すでに貯蓄をしている。彼らが求めているのは新たな投資先である。ミレニアル世代はいまのところ貯蓄をしない傾向にあるが、一方で借金を避ける傾向にもある。この世代の人々に対して「貯蓄も１つの消費のかたちである」という理解を広めることは、金融サービス企業にとって大きなマーケティング課題である。最後に、ジェネレーションＸとミレニアル世代はいずれも、ベビーブーマーに比べて、SNS形態のマーケティングに反応を示す可能性が高い。ただ、ジェネレーションＸの顧客は、銀行を訪れた際の顧客体験にも依然としてかなり大きく左右される(注5)。

　米国で過去30年にあらわれた重要な人口動態の傾向は、ヒスパニック系人口の増加である。1990年時点では、米国全体の人口に占めるアフリカ系米国人の割合はヒスパニック系の割合を上回っていた。ところが2000年になると、ラテン系の人数がアフリカ系米国人を上回った。現在は、米国の総人口に占めるアフリカ系米国人の割合は8％未満で推移しているのに対し、ヒスパニック系の割合は17％以上に達している。

　こうした傾向は、南部や南西部において特に顕著である。たとえばネバダ州、アリゾナ州、フロリダ州、コロラド州では人口の20〜34％がヒスパニック系であり、カリフォルニア州、テキサス州、ニューメキシコ州では35％以上に達する(注6)。さらに、2010年にはヒスパニック系の購買力が１兆ドルに達し、米国の全体的な購買力の9％を占めるにいたった。

　当然、ヒスパニック系人口の増加とその購買力には、企業も注目している。ヒスパニック系消費者の売上増加に集中して取り組んでいる企業としては、プロクター・アンド・ギャンブル(Proctor and Gamble、P&G)が挙げられる。同社は、歯磨き粉の分野ではいまだコルゲート・パルモリーブ(Colgate-Palmolive)にリードを許しているものの、ヒスパニック系消費者を取り込むべく自社の製品やマーケティングを調整してきている。

　たとえば、いままでにないほど多くのP&G商品が、ラベンダーなどヒス

パニック系消費者が好む芳香剤を使うようになってきている。また同社は、スペイン語で書かれたクーポンの配布を始めた。さらにシャンプーのパンテーンではエヴァ・メンデス、女性用カミソリのヴィーナスではジェニファー・ロペスなど、一部商品のスポークスパーソンとしてラテン系の有名人を採用している。^(注7)

一般的外部環境を構成する第3の要素は、文化的傾向である。**文化（culture）**とは、ある社会において人々の行動を誘導する価値観、信条、および規範である。こうした価値観・信条・規範は、ある社会において「正しい」か「間違っている」か、容認されるかされないか、スタイリッシュなのかそうでないのかを決める。文化の変化や、異文化間の違いに対する理解不足は、企業が競争優位を獲得する能力に非常に大きな影響を与える。

これが最も顕著な問題としてあらわれるのは、複数の国で同時に事業を展開する場合である。こうした企業は、一見小さな文化的な違いであっても、影響を受ける可能性がある。たとえば、米国ではその商品が「オーケー（良い商品）」であることを示すために、テレビCMの最後に出演者が人差し指と親指を合わせることがあるが、ブラジルでは同じジェスチャーが下品で不愉快な意味を持つ。

また、白いドレスを身にまとった花嫁が登場する米国のCMを、中国人が見たら困惑するかもしれない。なぜなら、中国での白服は伝統的に葬式で着るものだからである。ドイツでは女性が自分で婚約指輪を買うのが一般的だが、米国では指輪は男性が婚約者のために買うものである。さらに、日本やフランスの職場では認められている接し方であっても、米国の企業で働く男性がそれと同じやり方で女性の同僚と接したら、その男性はかなり厳重な処罰を受けるだろう。

企業がどのような文化的状況のなかで活動しているかを理解することは、その企業が競争優位を生み出す能力を評価するうえで重要な意味を持つ。^(注8)

一般的外部環境を構成する第4の要素は、企業が活動する時点の経済環境である。**経済環境（economic climate）**とは、企業が経営活動を行っている経済システムの全般的な健全性である。

経済の健全性は、時間の経過に沿って明確なパターンを示しながら変化する。すなわち、財・サービスへの需要が高く、失業率も低く、経済が相対的に繁栄している時期の後には、財・サービスへの需要が低く、失業率は高く、

経済が相対的に衰退する時期が訪れる。経済の活動水準が相対的に低い状態を景気後退（recession）と言う。数年にわたって続いている深刻な景気後退の場合は、不況（depression）と呼ばれる。繁栄から後退、後退から繁栄を繰り返すこのパターンを景気循環（business cycle）と呼ぶ。

1990年代には、米国を筆頭として全世界で持続的経済成長が見られた時期があった。識者のなかには、政策金利による政府の需要調整能力が高まったことにより、持続的経済成長の後には必ず景気が後退するという常識はもはや通用しなくなったと考える者もいた。

しかし知ってのとおり、景気循環が猛威をふるった例が1990年代以来すでに2度見られる。2001年ごろのITバブル崩壊と、より最近の出来事としては2008年の信用危機（リーマンショック）である。現在識者の間では、「政府の政策は景気後退の発生頻度や規模を抑えるうえで重要な役割を果たすが、景気後退の発生自体を防ぐことはできない」というのが一般的見解である。

一般的外部環境を構成する第5の要素は、**法的・政治的情勢**（legal and political conditions）である。一般的外部環境の法的・政治的特性は、各種法令や法制度がビジネス活動に与える影響、および政府とビジネス界の関係性によって決まる。

法制度のあり方や政府とビジネス界の関係は、国ごとに大きく異なる。たとえば日本では、ビジネス界と政府が常に密接かつ協力的に行動すると一般に理解されている。実際、近年の日本経済の低迷は、政府が大手銀行をはじめとする民間企業の業績に悪影響を及ぼしたくないことから、産業構造改革になかなか着手できずにいることがその1つの要因だという見方がある。それに対して、米国におけるビジネス界と政府の関係は、時代とともに変化する傾向にある。ある政権は、一般に民間企業の利害と対立するとされる厳格な独占禁止規制や環境基準に重点を置くが、その一方で別の政権は、よりビジネス優遇的観点から、独占禁止規制を緩和し環境基準の導入を遅らせる。

企業の一般的外部環境を特徴づける最後の要素は、**特定の国際的事象**（specific international events）である。これには内戦、クーデター、テロ、2国間の戦争、飢饉、特定の国・地域における景気後退などが含まれる。これらの具体的事象はいずれも、企業の競争優位の創出能力に決定的な影響を及ぼす可能性がある。

このような具体的事象のうち、過去数十年で起きた最も重要なものの1つ

は、間違いなく2001年9月11日にニューヨークとワシントンDCで起きたテロ事件だろう。これらのテロ攻撃は、悲劇的にたくさんの命を奪ったほか、ビジネスにも重要な影響をもたらした。たとえば、航空需要が9・11以前の水準に戻るまでには5年を要した。保険会社は、テロ攻撃の結果として、何億ドルもの保険金を予期せずして払い出すことになった。防衛関連企業においては、米国とそのいくつかの同盟国がまずアフガニスタン、そしてのちにイラクに侵攻を始めると、自社製品への需要が急増した。

　一般的外部環境は、企業がどのような広い文脈のなかで経営活動を行っているかを明らかにする。この一般的外部環境を分析することは、企業にとって自社が直面している脅威や機会の一部を知ることに役立つだろう。しかし一方で、この一般的外部環境は、それが直接企業活動に影響するだけでなく、ある企業のより局所的な外部環境に影響をもたらし、さらにそれが企業の脅威や機会に影響する場合が多い。

　したがって、一般的外部環境の分析は戦略経営プロセスの適用に欠かせない重要なステップだが、企業が直面している脅威や機会を完全に理解するためには、この一般的な分析以外に、局所的な外部環境の分析も行わなければならない。次節では、この局所的な外部環境の分析を行うための具体的ツールと、それらツールの根拠となる理論について議論する。

◉──SCPモデルに基づく企業パフォーマンス分析

到達目標 2.2

「業界構造が企業による競争上の選択に影響する」という
業界構造−企業行動−パフォーマンス・モデル（SCPモデル）の論理を
正しく説明できるようになる。

　1930年代、一群の経済学者によって、「企業の置かれた環境、企業行動、企業パフォーマンス」という3つの要素の関係を理解する方法論の研究が始められた。この研究の本来の目的は、業界において競争が生じない条件を明らかにすることであった。この「競争が生じない条件」を明らかにすることは、当時の政府当局者にとって、競争を促進する政策を実施すべき業界を特定する

のに役立ったのである。^{（注9）}

企業が競争優位を獲得することは
社会にとって望ましいことなのか

　経済理論の基本的前提の１つとして、「業界において激しい競争が行われているほど社会にとって利益になる」という考え方がある。競争の激しい業界とは、その業界において活動している企業の数が多く、各企業が販売している製品やサービスが互いに似ており、その業界の参入・退出コストがあまり高くない状態である。後出のコラム「より詳細な検討」でも詳述するとおり、このような業界はまさに**完全競争の状態（perfectly competitive）**にある。

　「各業界が完全競争の状態にあると社会にとって利益になる」という考え方の根拠は広く知られている。完全競争の業界では、企業は常に低コスト、高品質の維持に努め、適切な場面で革新を行わなければ事業の存続すらままならない。低コスト、高品質、適切な技術革新は、一般に顧客の利益と一致しているため、社会全体の厚生にもかなう。

　実のところ、この**社会的厚生（social welfare）**、すなわち、社会全体の幸福度への関心こそがSCPモデルが開発された主な理由だった。このモデルの目的は、完全競争が達成されておらず、したがって社会的厚生が最大化されていない業界を特定することだったのである。一度このような業界が特定されれば、政府がそれらの業界で競争を促進させる政策を実施し、結果として社会的厚生を高められると考えられた。

　企業戦略の研究者は、このSCPモデル本来の意図を逆転させ、企業が競争優位を獲得し、平均を上回るパフォーマンスをあげられるような業界特性を明らかにしようとした。一方企業戦略の本旨が、「業界において競争の不完全性を生み出し、それをうまく利用することなのであれば、企業戦略とは一部の企業が優位になるよう、社会的厚生を減殺することなのではないか」という見解も出てきている。一部の企業のパフォーマンスよりも、社会全体の改善に関心のある人が、企業戦略という分野の道徳的正当性に疑問を持つことは当然であろう。

　しかし、企業戦略と社会的厚生の関係については、別の見方も存在する。そ

れは、競争優位とは、ある企業が競合よりも効果的に顧客ニーズを満たすことによって実現するというものである。この観点から見た場合、競争優位の追求は社会的厚生を損なうものではなく、むしろ高めるものである。

　もちろん、どちらの見方も妥当である可能性がある。たとえば、マイクロソフトをはじめとする大企業の活動は、少なくとも一部の法廷においては社会的厚生にそぐわないという判断を下された。一方、マイクロソフトは常に業界トップの品質評価を受けているアプリケーション・ソフトの販売も行っており、この活動においては、社会的厚生を最大化するかたちで顧客のニーズを満たしていると言えるだろう。[注10]

　この研究から生まれた理論的フレームワークは、「業界構造−企業行動−パフォーマンス・モデル」、略して「SCPモデル」として知られる。このモデルの概略は、**図2.2**に示してある。

　このモデルで言う**業界構造**（structure）は、その業界に存在する競合企業の数、製品の異質性の度合い、参入と退出のコストなどによって測定される。次に**企業行動**（conduct）は、業界における特定の企業が実行している戦略を意味する。最後にSCPモデルにおける**パフォーマンス**（performance）には、(1)個別企業のパフォーマンス、および(2)経済全体としてのパフォーマンス、と

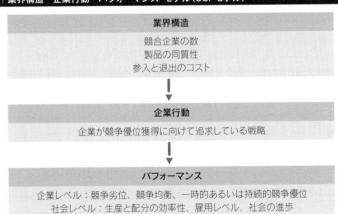

図2.2｜業界構造−企業行動−パフォーマンス・モデル（SCPモデル）

業界構造
競合企業の数
製品の同質性
参入と退出のコスト

企業行動
企業が競争優位獲得に向けて追求している戦略

パフォーマンス
企業レベル：競争劣位、競争均衡、一時的あるいは持続的競争優位
社会レベル：生産と配分の効率性、雇用レベル、社会の進歩

いう2つの意味がある。

SCPモデルにおけるこれらパフォーマンスの定義はいずれも重要であるが、第1章を見ればわかるとおり、戦略経営プロセスは経済全体としてのパフォーマンスよりも、個別企業のパフォーマンスにはるかに大きな重点を置いている。とはいえ、コラム「企業倫理と戦略」でも述べたとおり、この2つのパフォーマンスは時として複雑に絡み合う。

業界構造を、企業行動やパフォーマンスに結びつけるロジックは広く知られている。すなわち、企業は経営活動を行っている業界の構造（structure）によって、その企業に与えられる行動の選択肢の幅とその制約条件（conduct）が決まる、というものである。ある業界では、企業はごく限られた選択肢と多くの制約に直面している。このような業界に属する企業は、一般的に言って競争均衡レベルの利益しか獲得できない。この場合、企業行動と長期的企業パフォーマンスが、共に業界構造によって決定されることになる。

しかし、より競争の度合いが低い他の業界では、企業はより少ない制約とより幅広い行動の選択肢を持つことができる。それらの選択肢のいくつかは、企業に競争優位を獲得させるかもしれない。だが、たとえ企業がより幅広い行動の選択肢を持てるとしても、業界構造が依然としてそれら選択肢の幅を制約する。さらに言えば、本章で以下詳しく示すように、業界構造とは、競争度の高まりに直面するなかで、企業がどれほど長く競争優位を持続できるかにも影響を与えている。

◉───外部環境の脅威モデル

到達目標 2.3
外部環境に存在する5つの脅威を挙げ、それぞれの脅威がどのような条件下で
特定業界の魅力度（利益のあがりやすさ）を増大、もしくは減少させるかを
述べられるようになる。

SCPモデルは、学術研究や政策決定を支える理論的フレームワークとしては非常に高い効果を発揮してきた。しかしこのモデルは一方で、特定の企業が直面する外部環境の脅威を特定する場合には、少々使いづらい面がある。だ

図2.3 | 外部環境における脅威と特定業界の潜在的利益

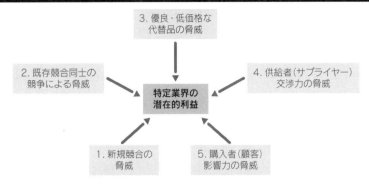

が幸いなことに、SCPモデルをベースとして、特定の企業が直面する脅威を分析することに特化したモデルが開発された。^(注11)

このモデルは、個別企業が帰属する業界の競争環境において、最も頻繁に直面する5つの脅威(**図2.3**)を取り上げ、それぞれが顕在化しやすい条件、もしくは顕在化しにくい条件を明らかにしている。この図2.3で提示したフレームワークとSCPモデルの関係については、コラム「より詳細な検討」で議論している。

競争優位を追求する企業にとって、**外部環境における脅威**(environmental threat)とは、「その企業の外部に存在し、その企業のパフォーマンスを押し下げようとするすべての個人、グループ、組織」のことである。外部環境における脅威は、コストを上昇させるか、売上げを減らすか、またはそれ以外の方法で企業のパフォーマンスを悪化させる。SCPモデルに即して言えば、外部環境における脅威とは「業界の競争レベルを上昇させ、企業のパフォーマンスを競争均衡レベルに押し下げようとする力」のことである。

上記の研究において取り上げられた、最も頻繁に見られる5つの外部環境の脅威は、(1)新規競合(参入)の脅威、(2)既存競合同士の競争による脅威、(3)優良・低価格な代替品の脅威、(4)供給者(サプライヤー)交渉力の脅威、(5)購入者(顧客)影響力の脅威、である。

●新規競合の脅威

　図2.3で示した脅威の1つ目は、新規競合（参入）の脅威である。**新規競合**（new competitors）とは、その業界でごく最近になって事業を開始したか、もしくはまもなく参入しようとしている企業のことである。本章冒頭で描かれた音楽ストリーミング業界のケースでは、アップル、グーグル、アマゾンが新規競合にあたる。

　SCPモデルに従えば、ある業界への新規競合者の参入動機は、その業界の既存企業が享受している高水準の利益、もしくはその業界に属する企業が将来獲得する見込みのある利益である。こうした利益を狙って企業は業界に参入するが、その結果、業界の競争レベルは上昇し、既存企業のパフォーマンスは低下していく。参入障壁がまったく存在しないとすると、その業界に1社でも競争優位レベルの利益をあげている既存企業がいる限り新規参入は続く。そして、その業界への参入が止まるのは、すべての既存企業のパフォーマンスが競争均衡レベルに達した時である。

より詳細な検討

外部環境における脅威とSCPモデル

　外部環境における5つの脅威とSCPモデルの関係とは、これらの脅威と当該業界における競争の性質の関係に他ならない。5つの脅威がいずれも非常に高い場合、その業界の競争は経済学者が言うところの**完全競争**（perfect competition）に近づく。5つの脅威の度合いがいずれも非常に低い場合、その業界の競争は経済学者が言うところの**独占**（monopoly）に近づく。

　経済学者はこの他にも、完全競争と独占の中間に位置する競争として、2つの類型を指摘している。**独占的競争**（monopolistic competition）と**寡占**（oligopoly）と呼ばれるこの2つの類型は、すでに指摘されている5つの脅威の度合いがある程度高い状態である。これら4種類の競争と、それぞれの業界に属する企業に期待できるパフォーマンスは下表にまとめた。

　その業界が**完全競争の状態にある**（perfectly competitive）とは、その業界

に多数の競合企業が存在し、販売される製品はそのコストも特性も同一であり、その業界への参入と退出のコストが非常に低い場合である。完全競争の状態にある業界の例としては、原油のスポット取引を行う業界が挙げられよう。完全競争状態の業界に属する企業は、競争均衡レベルの利益獲得しか期待できない。

次に、**独占的競争にある業界**（monopolistically competitive industries）では、多数の競合企業が存在し、参入と退出のコストが非常に低い。しかし完全競争の場合とは異なり、この業界の製品はコストおよび特性が同一ではない。この業界の例として、歯磨き粉、シャンプー、ゴルフボール、そして自動車などがある。この種の業界に属する企業は、競争優位レベルの利益をあげることが可能である。

次に、**寡占業界**（oligopolies）が持つ特徴は、競合企業の数が少なく、製品が同質化しており、参入と退出のコストが高いことである。寡占状況にある業界の例としては、1950年代の米国自動車業界や鉄鋼業界、現在の米国における朝食シリアル業界が挙げられる。現在の朝食シリアル市場では、上位4社で市場シェアの90％を占める。この種の業界に属する企業は、競争優位レベルの利益をあげることが可能である。

最後に、**独占業界**（monopolistic industries）は、その業界がただ1社で構成されている。この種の業界への市場参入コストは非常に高い。純粋に独占状態の業界はほとんどない。だが、たとえば過去には、米国郵政省が一般家庭への郵便配達を独占していた。しかし近年においては、小型包装物配達の

競争の種類および期待される企業パフォーマンス			
競争の種類	特徴	例	期待できる企業パフォーマンス
完全競争	多数の競合企業 同質的製品 低い参入・退出コスト	株式市場 原油	競争均衡
独占的競争	多数の競合企業 差別化された製品 低い参入・退出コスト	歯磨き粉 シャンプー ゴルフボール 自動車	競争優位
寡占	少数の競合企業 同質的製品 高い参入・退出コスト	1950年代の米国鉄鋼業界・ 自動車業界 米国の朝食シリアル	競争優位
独占	1社 高い参入コスト	一般家庭への郵便配達	競争優位

分野ではフェデックス、大型包装物配達の分野ではユナイテッド・パーセル・サービス(United Parcel Service、UPS)、一般郵便の分野では電子メールが、それぞれ米国郵政省の独占を脅かしている。独占企業は競争優位を創出することが可能であるが、このような企業ではかなり非効率な経営管理が行われている可能性がある。^(注12)

　新規競合が既存企業のパフォーマンスにとってどの程度の脅威かは、新規参入コストに依存する。もしも新規参入コストが、参入によって得られる潜在的利益よりも大きい場合、参入は起こらず、新規競合は既存企業にとって脅威とはならない。しかし、もし参入コストが参入によって得られる利益よりも低い場合、利益がコストを下回るまで参入は生じ続ける。

　新規競合の脅威は参入コストの大きさによって決まり、その参入コストは参入障壁の有無とその「高さ」によって決まる。**参入障壁**(barriers to entry)とは、参入コストが大きくなるような業界構造の属性である。参入コストが大きくなるほど、それは参入障壁が高いことを意味する。ある業界に著しく高い参入障壁が存在する場合、たとえその業界の既存企業が競争優位レベルの利益を享受していたとしても、潜在的参入者はその業界に参入しない。

　SCPモデルおよび戦略に関する文献では、4種類の重要な参入障壁の存在が指摘されている。**表2.1**にリストアップしたこれら4つの参入障壁とは、(1)規模の経済、(2)製品差別化、(3)規模と無関係のコスト優位、(4)政府による参入規制、である。^(注13)

[**参入障壁としての規模の経済**]

　ある業界において、企業の単位当たり生産コストが、生産規模の増大に連れて減少する時、その業界には**規模の経済**(economies of scale: EOS)が存在する。企業の単位当たり生産コストが生産規模の増大に連れて増加する時は、

表2.1	**業界への参入障壁**
1.	規模の経済
2.	製品差別化
3.	規模と無関係のコスト優位
4.	政府による参入規制

図2.4 | 規模の経済と生産コスト

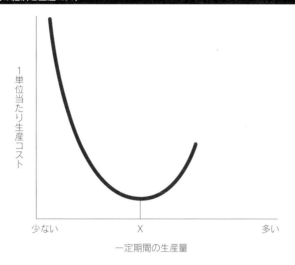

規模の不経済（diseconomies of scale）が存在する。

　規模の経済、規模の不経済、および企業の生産規模の関係は**図2.4**にまとめてある。企業の生産規模が増加するにつれ、コストが減少しているのがわかる。これが規模の経済である。しかし、ある1点を超えると企業の生産規模は過大となり、コストが増加し始める。これが規模の不経済である。規模の経済が参入障壁として作用するためには、生産規模と企業の生産コストの関係が図2.4の曲線のようなかたちをしていなければならない。この曲線が意味するのは、生産規模が最適レベル（図2.4のX点）から正負どちらかの方向へ少しでもずれると、その企業は最適コストよりも大きなコスト負担をこうむる、ということだ。

　規模の経済がどのように参入障壁として作用するのかを検証するため、以下の状況を考えてみる。まず、その業界には既存企業が5社ある（各社とも工場を1つだけ所有している）。各工場の最適生産レベルは4000単位（X = 4000）である。その業界で提供される製品に対する需要の合計は2万2000単位に固定されている。EOS曲線は図2.4に示されるとおりである。そして、この業界の製品は非常に同質的である。この業界において、需要の合計（2万2000単位）は供給量合計（5×4000単位 = 20000）を上回っている。

一般に需要が供給を上回る時、価格は上昇する。つまり、上記の条件下においては5社の既存企業が高水準の利益を享受することになる。SCPモデルに基づいて考えると、参入障壁が存在しない限り、これら高利益の存在は、新規参入を間違いなく促すだろう。

　一方、潜在的新規参入者の参入判断を考えてみよう。もちろん既存企業は高利益を得ているわけだが、実は潜在的新規参入者にはあまり魅力的な選択肢は存在していない。まず第1に、新規競合は最適レベルの効率を発揮する工場を備えてその業界に加わり、4000単位の生産を行うことができる。だが、この参入方法の場合、業界全体の供給量が2万4000単位にまで上昇する（20000 + 4000）。その瞬間に、供給が需要を上回り（24000 > 22000）、新規参入者を含むすべての企業は低利益しかあげられなくなる。

　第2に、その新規競合は最適レベルよりも小さな規模の工場(たとえば生産能力1000単位)で参入することもできる。この場合、新規参入が生じる前と同様、この業界の供給量合計は需要の合計を上回らない（22000 > 21000）。しかしながらこの場合、新規競合はEOS曲線上で低コスト生産が可能な位置で生産していないため、深刻なコスト上の競争劣位に陥る。こうしたなんとも魅力のない選択肢に直面し、潜在的新規参入者は、既存企業が高利益を享受しているにもかかわらず、「参入しない」というオプションを選択するだろう。

　もちろん、上記のように最適生産レベルで参入して損をすることや、最適レベルよりも小さな生産規模で参入して損をする以外にも、この潜在的新規参入者がとり得るオプションは存在する。

　たとえば、潜在的参入者は業界全体の規模を大きくしたうえで(すなわちこの例では2万2000単位の需要合計を2万4000単位かそれ以上に増加させて)、最適生産規模で参入することができる。または、潜在的新規参入者は新たな生産技術を開発することによってEOS曲線を左にシフトさせて(それにより最適生産規模を縮小させて)参入することもできる。最後に、潜在的参入者は自社の製品を差別化し、他社製品よりも高い価格を設定できれば、最適レベルを下回る生産規模がもたらすコスト上の不利を打ち消すことができるだろう。[注14]

　企業は上記いずれかの行動を実行すれば、この業界への参入が可能になる。だが、これらの行動にはコストがかかる。もしもこうした「障壁破り」の行動にかかるコストが、参入によって得られる利益よりも大きい場合、たとえ既存企業が高利益をあげていたとしても、新規参入は生じない。

過去の歴史を振り返ると、参入障壁としての規模の経済は、製鉄の世界市場において新規参入を阻んできた。従来の製鉄工場は、規模の経済を十分に発揮させるため、非常に大きな規模である必要があった。もしも新規参入者がこのように大規模で効率的な製鉄工場を建設したとすると、需要を上回る量の鉄鋼を市場へ供給することになり、その時業界に存在するすべての企業の利益率は押し下げられてしまう。こうした状況に陥る可能性によって、新規参入は現実に抑止される傾向にあった。

　ところが、1970年代になってミニミル（小型溶鉱炉）技術が開発され、製鉄市場のいくつかのセグメントでは、より小規模生産のほうが非常に効率的という事態を迎えた。この結果、それらのセグメントではEOS曲線が左へシフトしたのである。このシフトは、鉄鋼業界の参入障壁を低くした。ニューコア（Nucor）やチャパラル（Chaparral）といった最近の参入者は、古参企業が時代遅れで相対的に効率の悪い生産技術で操業しているのに対し、著しいコスト優位を誇っている。[注15]

［ 参入障壁としての製品差別化 ］

　製品差別化（product differentiation）とは、既存企業の製品が、潜在的新規参入者が保有しないようなブランド認知度や顧客ロイヤルティを保有している状態を言う。この場合、新規参入者は新たな業界での生産開始に伴う標準的コストを負担するだけでなく、既存企業が持っている差別化による優位を克服するためのコストも負担しなければならない。かくしてブランド認知と顧客ロイヤルティが参入障壁として作用するのである。もしもこうした競合他社の優位を克服するためのコストが、その業界に参入して得られるであろう潜在的利益よりも大きい場合、たとえ既存企業が高利益を享受していても、新規参入は生じない。

　製品差別化が参入障壁として作用している業界の例は数多い。たとえばビール業界では、バドワイザー（Budweiser）、ミラー（Miller）、クアーズ（Coors）（およびその他の既存企業）が膨大な広告投資を行い（誰もがバドワイザーの蛙のコマーシャルを記憶しているだろう）、その結果としてのブランド認知と相まって、米国のビール業界に大規模参入することは非常にコストがかかるようになった。[注16]実際、ベルギーに拠点を置く大手ビール会社のインベブ（InBev）は、

自ら米国市場に参入を試みる代わりに、アンハイザー・ブッシュ（Anheuser Busch）の買収を選んだ。[注17]

　ギャロ・ワイナリー（E. & J. Gallo Winery、以下ギャロ）という米国のワイン・メーカーは、フランス市場に参入するに際し、製品差別化による参入障壁に直面している。フランスのワイン市場は巨大である――米国人は1人当たり年間1.8ガロン（約7リットル）、国全体でせいぜい2億ケースの消費量だが、フランス人は1人当たり年間16.1ガロン（約60リットル）のワインを消費し、国全体の消費量は4億ケースを超える。しかしこのように有望な巨大市場であったにもかかわらず、地場のフランス産ワイナリーへの顧客ロイヤルティは非常に高く、ギャロが巨大なフランス市場に分け入ることは大変困難だった。フランス市場では、米国産ワインはいまだに「冗談で贈るギフト」という扱いしか受けておらず、米国料理のレストランのみが米国産ワインをメニューに載せていた。

　ギャロは、フランスのワイナリーが持つこの製品差別化に基づく優位を克服するため、自社のルーツがカリフォルニアである点を強調することにした。このカリフォルニアという地名は、多くのフランス人にとって異国風情を感じさせるためである。反対に、自社が米国企業であるという点は、多くのフランス人消費者にとって魅力を持たないため、あまり表に出さないようにした。[注18]

［　参入障壁としての規模と無関係のコスト優位　］

　ここまでに紹介した参入障壁に加え、既存企業は新規参入者に対して規模の経済とは無関係なさまざまなコスト優位を保持している可能性がある。これらのコスト優位のため、潜在的新規参入者は自社が既存企業に対してコスト劣位にあると認識する。かくしてこれらのコスト優位が参入章壁として作用するのである。もちろん新規参入者は、既存企業のコスト優位を克服するような行動をとる。だが、その克服にかかるコストが上昇するにつれ、参入によって得られる潜在的利益の額も減ってしまう。場合によっては、規模とは無関係のコスト優位を有する既存企業が高利益を享受する一方、それらの優位を潜在的参入者が克服するためのコストが法外に高いため、新規参入の脅威にさらされないこともある。

専有技術　既存企業が機密あるいは特許として何らかの技術を持ち、それにより潜在的参入者の
コストを下回るコストを実現している場合、潜在的参入者は競争上、独自の代替技術を開発し
なければならない。この代替技術の開発コストが参入障壁として作用する。

経営ノウハウ　潜在的参入者が保有していない知識、スキル、情報を、既存企業が何年もかけて
蓄積し、ごく当たり前のものとしている場合、この種のノウハウを蓄積するためのコストが参
入障壁として作用する。

原材料への有利なアクセス　潜在的参入者が享受していない重要な原材料へのアクセスを、既存
企業が低コストで実現している場合、同種のアクセスを獲得するコストが参入障壁として作用
する。

学習曲線によるコスト優位　既存企業がその累積生産量によって、潜在的参入者が享受していな
いコスト優位を有する場合、潜在的参入者のコスト劣位が参入障壁として作用する。

　規模と無関係のコスト優位の例としては、**表2.2**に示したとおり、(1)専
有技術、(2)経営ノウハウ、(3)原材料への有利なアクセス、(4)学習曲線に
よるコスト優位、がある。

専有技術

　いくつかの業界では、既存企業が**専有する**(すなわち、機密としているか特許
取得済みのどちらかである)技術(proprietary technology)が、新規参入者に対す
る重要なコスト優位をもたらすことがある。このような業界に参入するため
には、潜在的参入者は独自の代替技術を開発するか、既存企業の持つ専有技
術を模倣するリスクを負うしかない。だが、このどちらの行為もコストがか
かる。他社が持っている特許取得済みの専有技術を侵害することが、時とし
て膨大な経済的コストを伴うことは、幅広い業界の数多くの企業が実感して
いる。実際、特許侵害訴訟の数は増え続けている。

　なかでも消費者用電子機器市場など、1つの製品に多くの企業が開発した
技術が組み込まれる業界においてはその傾向が顕著である。過去数年間のう
ちに、インタートラスト(Intertrust)がアップルに対し、ヤフーがフェイスブ
ックに対し、グーグルがBTグループに対し、ボストン大学がアップルに対
し、ノキア(Nokia)が宏達国際電子(HTC)に対し、サムスン電子(Samsung)が
アップルに対し、アップルがサムスン電子に対し、それぞれ訴訟を起こして
いる。[注19]米国では、2015年に5830件の特許侵害訴訟が起こされた。これは2013
年の6114件よりは少ないものの、2014年からは15％増えている。[注20]

経営ノウハウ

　技術そのものよりも参入障壁としてさらに重要なのは、既存企業がその歴史のなかで蓄積してきた経営ノウハウである。経営ノウハウ（managerial know-how）とは、「通常はごく当たり前としか認識されないが、その業界で日々競争していくためには必須の知識や情報」のことである。ノウハウとは企業内で何年も、時には何十年もかけて蓄積されてきた情報であり、自社が顧客やサプライヤーと円滑にやりとりしたり、革新的・創造的な経営を行ったり、高品質の製品をつくったり等々、さまざまなことを可能にする。新規参入者は通常こうしたノウハウへのアクセスがなく、そのノウハウを比較的短期間でつくり上げるには多大なコストを要する。

　ノウハウが非常に重要な参入障壁として働く業界の1つとして、製薬業界がある。この業界で成功するか否かは、質の高い研究開発スキルにかかっている。世界に通用する研究開発スキルを身につけるには、研究スキルの場合は創薬を支える科学知識を、開発スキルの場合は新薬をいかに規制・販売プロセスをくぐり抜けさせるかという知識を蓄積する必要がある。だがそれには何十年もの歳月がかかる。新規参入者は、自社がそうしたノウハウを蓄積するのにかかる何十年もの間、膨大なコスト上の劣位に直面する。かくして、製薬業界への新規参入はこれまで非常に限定的であった。

原材料への有利なアクセス

　既存企業は、新規参入者に対し、原材料へのより有利なアクセスがもたらすコスト優位を保持している場合がある。たとえば、高品質の鉄鉱石の供給地がその地域に2つか3つしかない場合、遠くから鉄鉱石を運んでこざるを得ない会社に比べ、その場で供給源にアクセスできる製鉄会社はコスト優位を得る。

学習曲線によるコスト優位

　これまでの研究により、航空機製造を含むいくつかの業界では、累積生産量の増大に伴って生産コストが低減することが明らかになっている。既存企業が時間の経過とともに製造に関する経験を蓄積し、その生産コストは潜在的新規参入者のそれを下回る水準にまで低下していく。この場合、新規参入者は自社が経験を蓄積している間、著しいコスト劣位に耐えなければならな

い。そのため既存企業が高利益を得ているにもかかわらず、結果として参入しないかもしれない。この学習曲線のもたらす経済性については、第4章(中巻)でより詳しく論じよう。

[参入障壁としての政府による参入規制]

　政府が自身の政策的意図として、特定業界への新規参入のコストを上昇させる決定を下す場合がある。これが最も頻繁に起こるのは、特定企業が政府規制下の独占企業として活動している場合である。政府規制下で活動する独占企業とは、特定の製品やサービスを適正な価格で消費者に提供するにあたって、市場の競争力学に委ねるよりも、政府のほうがそれを効果的に実現する立場にあると政府自身が判断した場合である。電力、初等教育、中等教育などの業界は過去において(そして現在も一定の限りにおいて)、政府の参入規制によって新規参入の脅威から守られている。

◉既存競合同士の競争による脅威

　新規参入は、既存企業がそのパフォーマンスを維持もしくは改善する能力に対する重大な脅威である。だが、参入の脅威は経営環境に存在する唯一の脅威ではない。外部環境における第2の脅威は、互いに直接競合する企業間競争の激しさである。たとえば音楽ストリーミング業界では、スポティファイ、ディーザー(Deezer)、パンドラ、およびラプソディ(Rhapsody、訳注：現ナップスター(Napste))はいずれも直接的競合関係にある。

　直接的競合は経済的利益を低下させるため、企業にとって脅威である。頻繁に行われる価格引き下げ(たとえば航空業界での相次ぐ値下げ)、矢継ぎ早に行われる新製品導入(たとえば消費者用電子機器業界での継続的製品導入)、強力な広告キャンペーン(たとえばペプシ対コカ・コーラの広告合戦)、そして迅速な競争行動や他社への対抗措置(たとえば他の航空会社の値下げに合わせて迅速に値下げを行う競合の航空会社)。これらの事象は、その業界の直接競合度が高いレベルにあることをあらわしている。

　直接競合度が高くなる可能性が高い業界の特徴を、**表2.3**にまとめている。第1に、その業界に存在する企業数が多い場合。ウィンドウズ搭載のパソコ

表2.3 │ **直接的競合の脅威が高くなる業界の特徴**

1. 概ね同規模の競合企業が多数存在する
2. 業界の市場成長率が低い
3. 製品差別化が難しい
4. 生産能力の増強単位が大きい

ン製造業界は、まさにそんなケースである。ヒューレット・パッカード、デル（Dell）、レノボ（Lenovo）、エイサー（Acer）、エイスース（Asus）の5社で、世界中で販売されているパソコンの60％を占める一方、この市場ではその他にもより小規模な企業が何百社と競争している。こうした競合の結果、パソコンの小売価格は継続的に低下しており、2014年には過去最低の平均544.30ドルを記録した。同様に注目すべき点として、パソコン製造業者の利益率はさらに急速に低下しており、2014年には1台当たり14.87ドルまで減少した。販売マージンはわずか2.7％である。[注25]

　第2に、市場の成長スピードが遅い時、直接的競合は激しくなる傾向がある。業界の成長が遅いと、売上高を増加させようとする企業は既存企業のシェアを奪わなければならない。これは競合度を高める。米国のファストフード業界においてはまさに業界の成長が鈍化すると、バーガーキング（Burger King）による「ワッパー99セント」やウェンディーズ（Wendy's）やマクドナルド（McDonald's）による「1ドルメニュー」の登場など、激しい価格競争が展開され始めた。[注26]

　第3に、企業がその業界で製品差別化を実現できない場合、直接的競合は激しくなる傾向にある。製品差別化が現実的な戦略オプションでない場合、企業はたいてい価格水準のみに頼って競争するはめになる。激しい価格競争は、競合の激しい業界に典型的に生じる。たとえば航空業界では、長距離ルート（ロサンゼルス―ニューヨーク、ロサンゼルス―シカゴなど）で激しい競争が繰り広げられ、これらのルートの運賃は下がり続けた。そこでは差別化を行う余地は非常に小さかった。

　ところが、ハブ＆スポーク・システムをつくり上げることにより、いくつかの航空会社（アメリカン航空、ユナイテッド航空（United Airlines）、デルタ航空（Delta Air Lines））は自社が支配的なプレーヤーとなり得るエリアを米国のなかにつくることができた。このハブ＆スポーク・システムは部分的にせよ、これらの企業がそのサービスを地理的に差別化し、業界のいくつかのセグメン

トで競合度を下げる効果があった。[注27]

　最後に、生産能力の増強が大きな単位で行われる業界では、競合が激しくなる可能性が高い。規模の経済を実現するために生産能力を増強しようとする際、生産能力追加の最低単位が大変大きい業界があるとしよう。そのような業界では、新しい生産設備が稼働し始める当初から供給過剰に陥り、多くの場合価格引き下げにつながる。商業用の航空機市場で、ボーイング（Boeing）とエアバス（Airbus）の競合はさらに激しくなっている。これなども、エアバスがこの業界に参入した際、新規に追加された生産能力が非常に大きかったことに起因している。[注28]

●優良・低価格な代替品の脅威

　経営の外部環境における第3の脅威は、代替品である。直接的に競合している企業から提供される製品・サービスは、自社の製品・サービスとほぼ同様の顧客ニーズを、同様の方法で満たしている。一方、代替品（substitutes）は、自社とほぼ同じ顧客ニーズを、異なる方法で満たす。音楽ストリーミングに対する代替品は、音楽ダウンロード（アップルのiTunesか、もしくはその他のオンライン店舗よりダウンロードしたもの）や物理媒体の音楽売上げなどである。

　代替品は、ある業界の既存企業に対し、価格と利益の限界を突きつける。極端なケースでは、代替品が、業界の製品やサービスをすべて置換してしまうこともあり得る。それが起こるのは、代替品が現行品に比べて明らかに優れている場合である。たとえば、計算尺や機械式計算機の代替品としての電卓、ピン・レバー方式の機械式ムーブメント（時計の心臓部）の代替品としてのデジタル・ムーブメント、そしてLPレコードの代替品としてのコンパクト・ディスクである（もっとも、オーディオ愛好家のなかには、いまでもLPのほうが音響的に優れていると主張する人がいるが）。

　代替品は、多くの業界で潜在的利益を減少させている。たとえば、法律サービスの分野では、私的な仲裁や調停サービスが弁護士に対する有力な代替品となりつつある。出版業界では、電子出版物が印刷出版の有力な代替品となりつつある。CNNやフォックスニュース（Fox News）のようなテレビのニュース番組は、『タイム（Time）』や『ニューズウィーク（Newsweek）』のような週刊

のニュース雑誌にとって、非常に大きな代替の脅威となっている。

　欧州では、いわゆるスーパーストアが、小規模の食料品店を脅かしている。マイナーリーグの野球チームは部分的ではあるが、メジャーリーグのチームの代替品となる。ケーブルテレビは、地上波テレビの代替品である。「ビッグ・ボックス」と呼ばれる一群の大型小売店も、古くからあるショッピング・センターの代替品である。民間業者による郵便配達システム（例：オランダやオーストラリア）は、政府の郵便事業の代替品である。家庭向け資産運用ソフトは部分的に、専門のファイナンシャル・プランナーを代替する。[注29]

●供給者（サプライヤー）交渉力の脅威

　第4の脅威は、供給者の交渉力である。**供給者（サプライヤー、suppliers）**は、原材料、労働力、またはその他の重要な経営資源を企業に提供する。供給者は、供給価格を上げたり、供給物の品質を下げたりすることなどによって、供給先である既存企業のパフォーマンスへの脅威となる。既存企業が享受するいかなる利益も、供給者によるこのような行動によって供給者へ移転されてしまう可能性が出てくる。音楽ストリーミング業界における3大レコード会社は特に、そしてこの3社ほどではないものの有名アーティストも、非常に強い供給者交渉力を有している。

　脅威を高める供給者の属性を**表2.4**にまとめた。第1に、供給者が属する業界が少数の企業で支配されている場合、供給者交渉力の脅威は大きくなる。この状況では、供給を受ける企業はこれら少数の供給元から購入するしか選択肢がないからである。これら少数の供給者は、高い価格を請求したり品質を落としたり等々、非常に柔軟な行動の選択肢を手にし、供給先企業の利益をしぼり取ることができる。

　マイクロソフトのソフトウエア業界における力の源泉は、ほとんどのPC

表2.4｜供給者交渉力の脅威を示す指標

1. 供給者の業界が少数の企業で支配されている
2. 供給者の販売する製品がユニークか、あるいは高度に差別化されている
3. 供給者が代替の脅威にさらされていない
4. 供給者が川下方向への垂直統合をするおそれがある
5. 供給者にとって自社（供給を受ける側）が重要な顧客でない

においてウィンドウズがデフォルト・スタンダードであり続けているOS市場の占有にある。少なくとも現時点では、パソコンを販売しようとするなら、マイクロソフトとやりとりしないわけにはいかない。

　反対に、企業が数多くの供給者のなかから選べる場合、供給を受ける企業の利益への脅威はぐっと弱くなる。たとえば、米国における弁護士数が増加するに伴い（1981年以来40％増加し、総数は100万人を超える）、弁護士および法律事務所は、案件を取り合う競争を始めることを余儀なくされた。顧客企業のなかには、法律事務所に1時間当たりの単価を値下げさせたり、ルーチン化した法律手続きを低額の固定料金で発注したりしている。^(注30)

　第2に、供給者のもたらす製品がユニークであるか高度に差別化されている場合、供給者交渉力の脅威は増大する。バスケットボール選手として、スポークスパーソンとして、そして有名人としてのレブロン・ジェームズはただ1人しかいない。レブロンの特異な地位は、彼の売り手としての交渉力を非常に強いものにしたため、彼が所属するチーム（クリーブランド・キャバリアーズかマイアミ・ヒート）もしくはナイキ（Nike）のものになっていたであろう経済的利益の大半を、わが物とすることができた。同様にインテル（Intel）は、マイクロプロセッサを開発・製造・販売するユニークな能力により、パソコン業界における供給者として非常に強力な交渉力を有している。

　供給者に独自性がある場合に発生する交渉力は、ほとんどすべての業界で効力を発する。たとえば、非常に競争の激しいテレビトーク番組の世界では、「供給者」としてのゲストが非常にユニークな場合、信じられない人気を得てしまうことがある。ある女性は、なんと8つのトーク番組でゲストに招かれた。そのわけは、詐欺師で重婚者の10番目の配偶者だったからである。

　第3に、供給者が「代替品の脅威」にさらされていない時、供給者交渉力の脅威は増大する。特に有効な代替品がなければ、供給者は自社の市場におけるポジションを利用して、供給先企業（顧客）の経済的利益の一部を自社のものにすることができる。マイクロプロセッサ市場におけるインテルも、パソコンのOS市場におけるマイクロソフトも、その特異な市場ポジションを活用して顧客から利益を奪っている、という批判を受けている。

　一方、供給者の製品に代替品が存在する場合、供給者の市場支配力は制約される。たとえば食品容器業界においては、金属缶にはその代替品としてプラスチック容器がある。容器製造業者に材料を供給し続けるためには、製鉄

業者やアルミ製造業者はこうした代替品の脅威が存在しなかった場合よりも低い価格にせざるを得ない。このように、代替品としてプラスチックが存在するがゆえに、製鉄業者(食品容器業界への供給者)の潜在的な市場交渉力は制約を受けている。[注31]

第4に、供給者が「供給先企業の業界へ参入し、自らの顧客と競争を開始する」という脅しを信憑性をもって行える場合、供給者交渉力の脅威はより大きくなる。この行動は**前方垂直統合**(forward vertical integration)と呼ばれ、供給を受ける企業にとって、供給者が供給者であると同時に直接的競合にもなることを意味する。ジェイ・Zが、より「アーティスト優遇的な」ストリーミング企業のTidalを立ち上げた時、まさにこの前方垂直統合が生じた。

前方垂直統合がもたらす脅威の度合いは、部分的には参入障壁の高さで決まる。つまり、ある業界に高い参入障壁が存在した場合、供給者は前方垂直統合に莫大なコストがかかるため、その垂直統合の脅しは供給先の既存企業の利益にとって深刻な脅威とはならない。垂直統合については、第8章(下巻)で詳述している。

最後に、供給者にとって自社が重要な顧客でない場合、供給者交渉力の脅威が生じる。たとえば製鉄会社は、彫刻家や小さな建設会社からの注文を失うのではないか、と真剣に心配することはない。彼らが本当に心配しているのは、大手の製缶業者、大手の白物家電メーカー(冷蔵庫、洗濯機、乾燥機等のメーカー)、そして自動車メーカーとのビジネスである。供給業者としての製鉄会社は、製缶業者、白物家電メーカー、自動車メーカーに対しては値引き要求を非常に寛容に受け入れ、品質向上にも真摯に取り組む。だが、製鉄会社にとって規模の小さな「重要でない顧客」は、より大きな値上げ幅、より低質のサービス、より低い品質に甘んじなければならない可能性が高い。

◉購入者(顧客)影響力の脅威

事業の外部環境における脅威の最後は、購入者の影響力である。**購入者(顧客、buyers)**とは、企業の製品やサービスに対する買い手である。有力な供給者はその企業のコストを増加させようと行動するが、購入者はその企業の収入を減少させようと行動する。音楽ストリーミング業界では、消費者が最終的な購入者である。購入者影響力の脅威が存在する条件は、**表2.5**にリスト

1. 購入者が少数しかいない
2. 購入者に販売する製品が差別化されておらず、標準品である
3. 購入者に販売する製品価格が、購入者の最終コストの大きな割合を占める
4. 購入者が高い経済的利益を得ていない
5. 購入者が後方垂直統合するおそれがある

アップされている。

　第1の条件として、ある企業の製品に対してただ1社、もしくはごく少数の購入者しかいない場合、これらの購入者は非常に大きな脅威となり得る。

　製品の圧倒的大部分を米国国防省に納めている業界の企業は、この購入者が経営に与える影響を自覚している。国防予算の減少を受け、これら軍需産業の企業群はさらにコストを下げ、品質を上げ、政府の要求に応えることを強いられている。こうした企業行動はすべて、これら企業の経済的利益を減らす。^(注32)

　大規模な小売チェーンに製品を卸している業界の企業も、高いレベルの収益性を維持することが難しい。ウォルマート（Wal-Mart）やホーム・デポ（Home Depot）など市場支配力のある小売業者は、供給業者に対し、流通などに関わる複雑かつ困難な要求を出してくる。そして要求を満たせなければ、それらの業者は取引停止とされてしまう。こうした要求は、供給業者の利益を減殺する。

　第2に、購入者に販売される製品やサービスが標準品（業界内で標準化が進んだもの）であり、差別化されていない場合、購入者影響力の脅威は増大する。

　たとえば農場の経営者は、農作物という非常に標準化された製品を売っている。小麦、とうもろこし、トマトといった作物を差別化するのは非常に困難である（もっとも、作物の品種改良や収穫時期の変更などにより、ある程度の差別化は可能だが）。ともかくも、穀物の卸売業者や食品ブローカーは、ごく一般的な食品については常に代わりの供給業者を見つけることができる。この「多くの代替可能な供給業者の存在」は購入者影響力の脅威を増大させるため、農場経営者は出荷価格を低く抑え、より低い利益に甘んじざるを得ない。もしもある農場主が価格を引き上げようとしたら、卸売業者や食品ブローカーは単に代わりの農場から買うだけである。

　第3に、その業界の企業が供給する製品が、購入企業（買う側）の製品原価の

非常に高い割合を占める場合、購入者影響力の脅威は増大する傾向にある。

この場合、購入者は製品原価に占める割合が高い部品に非常に注意を払い、常により低いコストの調達方法を探そうとする。たとえば缶詰食品業界では、金属缶自体のコストが製品最終価格の最大40％を占める。したがって当然ながら、キャンベル・スープ（Campbell Soup Company）などの企業は、自社が購入する金属缶のコストを可能な限り低く抑えることに大きな注意を払っている。[注33]

第4に、購入者が高い経済的利益を得ていない場合、購入者影響力の脅威は増大する。

この状況では、購入者はコストに非常に神経を使い、可能な限り安い価格と、可能な限り高い品質を供給者に要求してくる。この傾向は、供給者の利益水準が購入者のそれを上回っている場合さらに顕著となる。こうした状況下の購入者には、供給業者が享受している利益を狙って、供給業者の業界に参入する強いインセンティブが働く。この**後方垂直統合**（backward vertical integration）という戦略は、第8章（下巻）で詳述する。

最後に、後方垂直統合を実行する能力が購入者に備わっている場合、購入者影響力の脅威は増大する。

このケースでは、購入者が購入者であると同時に、供給業者の直接的競合ともなり、供給品市場の一定割合のシェアを囲い込むことになる。購入者が後方垂直統合の脅威をどの程度発揮するかは、その後方業界への参入障壁がどこまで低いかによる。もしも参入障壁が高い場合、購入者は後方垂直統合ができないかもしれず、購入者影響力の脅威は減少する。

●外部環境における脅威と業界の平均的パフォーマンス

以上5つの外部環境の脅威は、戦略を選択し実行しようとしているマネジャーにとって3つの意味を持つ。第1に、それらの脅威は各業界に共通して存在する「外部環境における脅威の源泉」を提示している。第2に、それらはある業界における全体的な脅威の度合いをあらわすことができる。第3に、**表2.6**を見ればわかるとおり、SCPロジックによれば、ある業界における全体的な脅威の度合いは、その業界に属する企業の平均的パフォーマンス水準と関連しているため、5つの脅威を用いれば、ある業界に属する企業の平均的

表2.6 | 業界における平均パフォーマンス水準の予測

	業界Ⅰ	業界Ⅱ	業界Ⅲ	業界Ⅳ
新規競合の脅威	高い	低い	高い	低い
既存競合同士の競争による脅威	高い	低い	低い	高い
優良・低価格な代替品の脅威	高い	低い	高い	低い
供給者(サプライヤー)交渉力の脅威	高い	低い	低い	高い
購入者(顧客)影響力の脅威	高い	低い	高い	低い
期待される平均的企業パフォーマンス	**低い**	**高い**	**どちらとも言えない**	**どちらとも言えない**

パフォーマンスが、どのレベルになるかを予測することができる。

　もちろん、ある業界における5つの脅威のレベルが、すべて同時に同程度というケースは滅多に存在しない。このことは、業界の平均的な企業パフォーマンス水準の予測を複雑なものにする。

　例として表2.6のように4つの業界を想定してみよう。最初の2つの業界については、平均的企業パフォーマンスを予測することが容易である。すなわち、業界Ⅰではパフォーマンスが低く、業界Ⅱではパフォーマンスが高くなるはずだ。

　一方、業界Ⅲと業界Ⅳのパフォーマンスを予測することは、これよりもやや複雑である。脅威のレベルが混ざり合った状況において、業界の平均的企業パフォーマンスを予測する際に考慮すべき現実的問いは、「この業界に属する企業が創出し得る利益を、ほとんどすべて吸い上げるほど強力な脅威が、この業界に1つまたは複数存在するか」である。この問いに対する答えが「存在する」であれば、期待される平均パフォーマンスは低くなる。答えが「存在しない」であれば、期待される平均パフォーマンスは高くなる。

　より根本的問題として、この種の分析はある業界の平均的企業パフォーマンスを予測できるにすぎない。もしも企業のパフォーマンスの主たる決定要因が、その企業が属する業界であれば、これは問題のないことだ。だが、コラム「関連する学術研究」でも述べるとおり、研究によれば、企業がいかなる業界で活動しているかは、企業のパフォーマンスを決定する唯一の要因とはとても言えないのである。

業界と企業それぞれの特徴が
企業パフォーマンスに与える影響

　企業パフォーマンスにとって、業界の属性と自社そのものの属性、どちらがより大きな影響をもたらすのだろうか。この問いは、長年研究者の関心を集めてきた。

　この分野に関する初めての研究は、リチャード・シュマレンシー（Richard Schmalansee）によって発表された。シュマレンシーは、企業パフォーマンスが示す1年間の分散のうち、自社が所属する業界に起因する部分と、その他の要因による部分をそれぞれ推計し、比較した。その結果シュマレンシーは、企業パフォーマンスの分散のうち、20％はその企業が活動している業界によって説明できると結論づけた。この結果は、「業界」を企業パフォーマンスの主要な決定要因とするSCPモデルと整合的である。

　その後、リチャード・ルメルト（Richard Rumelt）によってシュマレンシーの研究が持ついくつかの弱点が指摘された。なかでも最も重大な問題は、シュマレンシーが企業パフォーマンスに対する業界・企業属性の影響をそれぞれ検証するにあたって、1年間分のデータしか用いていないという点であった。一方、ルメルトは、4年間分のデータを用いることにより、企業パフォーマンスに対する業界・企業効果のうち、持続的なものと一時的なものを区別することができた。そして、ルメルトによる検証結果は、ある意味ではシュマレンシーの結果と一貫性を持っていた。すなわち、シュマレンシーの20％に対し、ルメルトも企業パフォーマンスの分散はその約16％が業界効果によるものだと結論づけた。一方、持続的な業界効果はそのうち半分にすぎなかった。残りは、業界における年ごとのビジネス環境の変化を反映したものだったのだ。この点は、SCPモデルとは整合しない。

　以上に加え、ルメルトは、企業パフォーマンスに対する企業属性の影響も検証し、企業パフォーマンスの分散はその80％以上が個別企業の属性によるものであり、その80％の半分以上（46.38％）が持続的な企業効果によるものであると結論づけた。「個々の企業間の持続的な属性の違いが、企業間のパフォーマンスの差を説明する要因として重要な意味を持つ」ということは、SCPフレームワークと整合しない結果である。このような結果は、第3章で紹介するリソース・ベースト・ビューという企業パフォーマンス・モデルと整合的である。

ルメルトの研究以来、企業パフォーマンスの分散をもたらす要因は何か、という研究が加速した。学術研究としては、この問題に取り組んだ論文が少なくとも9つ発表されている。そのうち最近発表された論文の1つは、「事業部門のパフォーマンスに対する業界と企業それぞれの影響の度合いは、特定の業界や企業によってさまざまであるものの、全体的に見れば、個別企業（全社レベル）効果・業界効果よりも、個別事業部門（business unit）効果のほうが大きい」と指摘している。[注34]

──外部環境に存在するもう1つの力：補完財（complements）

アダム・ブランデンバーガー（Adam Brandenburger）とバリー・ネイルバフ（Barry Nalebuff）の両教授は、特定業界の潜在的利益を分析するフレームワークに、もう1つの環境要因を追加する必要があると主張した。[注35]この2人の著者は、「競合（企業）」と「補完者」を区別する。

　CEOの視点に立った場合、自社の「競合」と「補完者」は次のように区別できる。すなわち、顧客が自社の製品のみを保有している場合よりも、他社製品と自社製品の両方を持っている場合のほうが自社製品の価値が低くなる場合、当該他社は**競合**（competitor）である。競合とは、直接的競合、新規競合、代替的生産者などのことである。

　他方、顧客が自社製品のみを持っている場合よりも、他社製品と自社製品を両方同時に持っている場合のほうが自社製品の価値が高くなる場合、当該他社は**補完者**（complementor）である。音楽ストリーミング業界においては、スマートフォンが音楽ストリーミングサービスの補完財である。

　別の例として、テレビ番組の制作会社とケーブルテレビ局の関係を考えてみよう。両社の製品のそれぞれの価値は、部分的に相手の製品の存在に依存している。テレビ制作会社は、自社の制作番組を視聴者に発信する手段が必

要である。ケーブルテレビ局が提供するチャンネル数の増加はこうした発信手段を増やし、制作会社の価値を高める。一方、ケーブルテレビ局は、チャンネル数を継続的に増やしていったとしても、それを埋めるコンテンツが必要になる。したがって、ケーブルテレビ局の価値は、部分的にテレビ制作会社の存在に依存している。ケーブルテレビ局の存在が番組制作会社の価値を高め、番組制作会社の存在がケーブルテレビ局の価値を高める。よって、これら2種の企業は、互いに補完関係にある。

　さらにブランデンバーガーとネイルバフは、補完者と競合の重要な相違点として、補完者が自社にとって市場の規模を拡大させる存在であるのに対し、競合は自社の市場を取り合う存在であるとする。また、その論理的帰結として企業は通常、自社の市場への競合の参入は阻もうとするが、補完者の参入は促そうとする。テレビ制作会社とケーブルテレビ局の例に戻ると、テレビ制作会社は実際のところ、ケーブルテレビ局が成長して経済的に繁栄し、常に新しいチャンネルを追加し続けることを望んでおり、ケーブルテレビ局もテレビ制作会社が成長し、常に革新的な新番組をつくり続けることを望んでいる。いずれか一方の事業成長スピードが遅くなれば、もう一方の事業の成長も損なわれるからである。

　もちろん、ある企業が、一方の企業にとっては補完者でありながら、他方の企業にとっては競合である場合もある。たとえば衛星経由の放送サービスであるディレクTV（DirecTV）やディッシュ・ネットワーク（Dish Network）の人気が高まったことは、ケーブルテレビ局にとっては競争的挑戦を意味する。すなわち、ディレクTVはコックス・コミュニケーションズ（Cox Communications）などのケーブルテレビ会社と競合する。一方、ディレクTVは、テレビ制作会社との関係においては互いに補完者である。なお、補完者の新規参入を促すべきか否かを企業が判断する際、その新たな補完者が自社にもたらす追加的価値と、その新規参入によって自社の既存の補完者にもたらされる競争上の影響とを天秤にかけなければならない。

　さらに、ある企業が他の企業に対し、競合でありながら補完者である場合も存在する。これは、技術上の規格を定めることが重要な業界において、非常に頻繁に見られる。たとえば、HD DVDプレーヤーやHD版の映画コンテンツDVD市場においては、ブルーレイディスク技術の開発を通して、DVDにHD映像を記録する標準フォーマットが定まったことによって初めてプレ

ーヤーやDVDディスクの売上げが伸び始めた。^(注36)

　こうした技術規格を定めるにあたっては、複数企業が協力する意思を持たなければならない。そのような協力関係が存在するということは、各企業がその技術規格に関しては互いに補完者になることを意味する。そして実際、それらの企業が補完者として行動すると、そのような行動は市場全体の規模を拡大させる効果を持つ。しかし、協力の結果としていったん規格が定まると、各企業は共につくり上げた市場をできる限り多く自社のものにしようと競争を開始する。この意味において、これらの企業は互いに競合でもある。

　ある業界の企業がどのような場合に補完者として行動すべきで、どのような場合に競合として行動すべきかの判断は非常に難しい。また、いままである業界において「競合」として他企業と接してきた企業が、自社の組織構造、公式・非公式な経営管理システム、報酬政策を変革し、少なくとも一定の目的において、「補完者」として他企業と接し始めるのはさらに困難である。ブランデンバーガーとネイルバフが「ジキルとハイドのジレンマ」（訳注：『ジキル博士とハイド氏』より。同作に登場する二重人格の主人公にたとえ、企業の「競合」と「補完者」としての二面性を表現）と呼んだ、「競合と補完者の問題」にうまく対処できるか否かは、優れた企業と平凡な企業とを分かつ要因となり得るだろう。

◉──業界構造と外部環境における機会

到達目標 2.5

業界構造の基本類型を4つ挙げ、それぞれの業界に存在する具体的な
戦略的機会について述べられるようになる。

　外部環境における脅威を特定することは、外部環境を分析する作業の半分にすぎない。つまり、外部環境の分析を行う際には、機会が何であるかを特定する必要もある。幸い、「外部環境における脅威」を分析するツールの構築を可能にしたSCPロジックは、「外部環境における機会」の分析ツールを構築する際にも用いることができる。機会の分析は、多くの業界に共通して見られる脅威群の代わりに、いくつかの基本的業界類型を特定することが出発点

表2.7 | 業界構造と外部環境における機会

業界構造	機会
市場分散型業界（fragmented industries）	集約・統合
新興業界（emerging industries）	先行者優位
成熟業界（mature industries）	製品改良
	サービス品質への投資
	プロセス革新
衰退業界（declining industries）	市場リーダーシップ
	ニッチ
	収穫
	撤退

となる。そこから、それぞれの業界類型に存在する戦略的機会を明らかにしていく。[注37]

　もちろん、業界構造の基本類型としてはさまざまなものが存在する。しかし、なかでも大変頻繁に観察されるものが4つあり、ここではそれらに焦点を当てて機会分析を行う。その4つとは、(1)市場分散型業界、(2)新興業界、(3)成熟業界、(4)衰退業界、である。また、これらの業界と関連づけて考えられる「機会」については、**表2.7**にまとめてある。

　上記の他にも、ネットワーク型業界と「コアなし」業界の2類型も、ここで紹介する基本的類型に比べれば一般的ではないものの、依然として重要である。この種の業界とそこに存在する機会については、コラム「より詳細な検討」で議論する。

より詳細な検討

ネットワーク型業界とコアなし業界

　製品やサービスの価値が、それらの製品やサービスの販売数によって大きな影響を受ける場合、そのような業界を**ネットワーク型業界**（network industry）と呼ぶ。たとえば、電話機は、それを所有する人の数がごく少ない場合、非常に価値ある製品とは言いがたい。それは広く普及して初めて価値のある製品となる。この「製品やサービスの価値」と「これまでに販売された製品やサ

ービスの数」の関係から、この業界は**収益逓増の業界**（increasing returns industry）とも呼ばれる。

　もちろん、本章で議論するその他の業界においても、収益逓増が重要な意味を持つ場合がある。たとえば、収益逓増は新興業界において重要な先行者優位の源泉となる場合がある。しかし、製品やサービスの販売数がその価値を決定する主要因だとまで言える場合は、そのような製品やサービスが売られる業界をネットワーク型業界と呼ぼう。

　ネットワーク型業界は、デジタル時代において特に重要である。たとえばウィンドウズのようなOS、Wordのようなパソコン用アプリケーション・ソフトウエア、WhatsAppのようなアプリなど、特定のソフトウエアを利用する人が増えるにつれ、そのソフトウエアを使ってコミュニケーションをとり、共同作業を行える人の数も増える。これは、明らかにそのソフトウエアの価値を高める。

　ネットワーク型業界における主要な機会は、特に強力なタイプの先行者優位である。ネットワーク型業界に属する企業が先行者として行動し、大きな市場シェアを素早く確保した場合、その企業は他社がほとんど太刀打ちできない競争優位を獲得できる可能性がある。このような戦略は、時として、**勝者総取り戦略（ウィナー・テイク・オール戦略、winner take all strategy）**と呼ばれる。この場合、すでに支配力を持った企業が自社の競争優位を維持できるのは、新規参入者が参入した際に、既存企業が提供するネットワーク優位をまったく発揮できないからである。当然、このような力学の存在ゆえに、さまざまな国の独占禁止規制当局はネットワーク型業界に注意を向けている。

　コアなし業界（empty core industry）とは、次の4つの条件がそろった業界である。すなわち、（1）需要増に対して大きな単位でしか生産能力が追加できず、（2）その生産能力の追加に伴い、回避できない多額の埋没コストが発生し、（3）市場需要は予測困難なかたちで変動し、（4）製品差別化がほぼ存在し得ない、業界である。「コアなし」という名称は、この業界における競争の特徴を明らかにしたゲーム理論のあるモデルからきており、その意味するところは、「このような状況下においては、安定して利益を獲得できる均衡点が存在しない」ということである。

　例として、ある航空路線における競争を考えてみよう。当然この航空路線においても、輸送能力の増強は1席ずつではなく、航空機1機ごとに行われる。特定の路線で使う航空機へのアクセスが（通常はリース契約などを通じて）いったん確保されると、その航空機が稼働しているか否かを問わずリース料などのコストが発生し始める。こうしたコストは、回避不可能な固定費である。また、特定の航空路線における需要は多くの場合、予測困難なかたち

で変動する傾向にある。最後に、消費者の認識を変えようという航空会社の長年の取り組みにもかかわらず、顧客はある航空会社のサービスと他の航空会社のサービスとに大きな違いを感じておらず、この市場における製品差別化の度合いは低い。

このような状況下で、需要が供給を下回ったことを想像してみよう。この航空路線では大きな単位で輸送能力が増強されるため、航空会社がその路線の「座席」の供給量を適切な水準まで柔軟に下げることは困難である。航空機の座席が半分しか埋まっていない状態で運航を強いられる航空会社は、一部の便を欠航にしようと思うかもしれない。しかしその会社は、自社の航空機を運航するか否かを問わず、それらの航空機に対してリース料を支払い続けなければならない。さらに、航空サービスでは「より優れたサービス提供によって値上げを実現する」という戦略も成功するとは言いがたい。

このような状況下では、航空機を運航しないまま3万ドルを失うよりも、座席が半分しか埋まっていない状態で運航して1万ドルを失うことのほうが、利益を最大化させる選択かもしれない。

このように、自社利益を最大化する選択であっても経済的損失を生むような状況は、**破滅的競争**（cut throat competition）と呼ばれる。破滅的競争は、長い間対処されずに続くと破産につながる。実際、米国の航空業界はここ50年で破産が相次いでいる。

陰気な名前を持つ破滅的競争だが、コアなし業界においても一定の機会は存在する。第1に、この種の業界に属する企業は、生産能力を大きな単位で追加しなくてすむよう、技術変革を行うことができる。航空会社は、ボーイング737やリージョナルジェットなど、より小型の航空機を飛ばすという選択肢によってある程度これを成し遂げている。

第2に、このような状況に置かれた企業は、必要な分だけ生産能力を増強できるよう、需要の予測可能性を高めることができる。航空会社は、**需要マネジメント**（demand management）によってこれを遂行している。需要マネジメントとは、供給と需要のバランスがとれるよう、特定路線の過去の利用パターンに基づき、その路線の価格を上げ下げすることである。同じ路線のチケットが、ある日は200ドルであっても、次の日には800ドルになることがあるのはこのためである。

第3に、企業は、製品差別化の新たな基盤を築けば、値上げができる可能性がある。航空会社は、自社のハブ＆スポーク・システムによって事実上の地理的独占を築くことにより、これを成し遂げている。一般にハブ空港には一定の独占力があるため、非ハブ空港から飛ぶよりもハブ空港から飛ぶほうが割高になる。このような背景から、アメリカン航空を利用した場合、テキ

サス州ダラス（アメリカン航空のハブ空港）からフロリダ州オーランドに飛んだほうが、カンザス州ウィチタ（非ハブ空港）からダラスを経由してオーランドに飛ぶよりも一般的に割高になる。

第4に、コアなし業界に属する企業は、共謀を試みることができる。これは、各企業が明示的な了解の下で競合度を下げ、破滅的競争レベルよりも高く価格を維持することである。過去においては、米国の航空会社が共謀を試みたことがある。このことは、コアなし業界に対し、ネットワーク型業界同様、独占禁止規制当局の注目が集まる要因となっている。

最後に、以上いずれの戦略にも効果がなかった場合、コアなし業界に属する企業は、価格を破滅的競争レベルよりも高く維持できるよう、政府規制を追求する可能性がある。米国の航空会社は過去さまざまな時点において、自社の収益性回復に向けてふたたび政府規制下に置かれる可能性を模索してきた。

なお、「コアなし」という特性を持つ業界は、航空業界以外にも存在する。巨大なコンテナ船が海を渡って貨物を運ぶ国際海運業界、石炭火力発電業界、伝統的な製鉄業界、原子力発電業界などにおいては、いずれも「コアなし」の特性が見られる場合がある。[注38]

◉市場分散型業界における機会としての集約・統合

市場分散型業界（fragmented industries、断片化された業界）とは、多数の小・中規模企業が存在するが、市場シェアの大部分や主要技術を占有するような企業は存在しない業界である。小規模な小売店舗、商業用印刷、その他多くのサービス業界が市場分散型業界である。

業界が市場分散型になるには、さまざまな理由がある。たとえば、参入障壁がほとんど存在せず、無数の小企業の参入を招く場合がある。また、規模の経済がほとんど存在しないどころか、規模の不経済がある業界では、企業は小さくあり続けるインセンティブを持つ。さらにまた、たとえば地場の高級レストランなどの場合、製品やサービスの質を保証したり盗難による損失を最小限に防いだりするため、商売を現場に密着して管理する必要があるかもしれない。

こうした市場分散型の業界に存在する「機会」は、多数の小・中規模企業を

少数の企業に集約するような戦略を実施することである。この**集約・統合戦略(consolidation strategy)**の実施に成功した企業は、その業界のリーダーとなり、何らかの利益を獲得できる可能性がある。

　集約・統合の方法にはいくつかある。たとえば、業界の既存企業がこれまで知られていなかった、新しい規模の経済を発見する場合である。米国では、市場分散度の高い葬儀(墓石や棺おけの調達・埋葬・セレモニーをはじめとする葬式サービス)業界において、サービス・コーポレーション・インターナショナル(Service Corporation International、SCI)は、各地にバラバラに存在する葬儀会社をチェーン化することで、規模の優位が生まれることを発見した。具体的には、最も重要な原材料(棺おけ)の調達や、希少資源(葬儀屋や霊柩車)の配分などである。これまで独立企業だった無数の斎場を買収することにより、SCIは著しいコスト削減を達成し、より大きな経済的利益を手にした。[注39]

　既存企業が業界の集約を促進するため、所有構造を転換する場合もある。キャンプグランズ・オブ・アメリカ(Kampgrounds of America、KOA)は、市場が分散している私営キャンプ場市場において、フランチャイズ方式を導入した。各地のキャンプ場をフランチャイジーとして統合し、旅行者にキャンプ場サービスを提供している。KOAは、各地方のキャンプ場経営者に対し、専門的訓練、技術・ノウハウ、そして自社のブランド・ネームによる高い認知度を提供している。逆に各地方のキャンプ場経営者は、キャンプ場の経済的・事業的成功に強い関心とやる気のある現場マネジャーを提供するわけだ。同様のフランチャイズ方式が功を奏している業界には、ファストフードのマクドナルド、自動車用マフラー修理のマイダス(Midas)、モーテルのラ・キンタ(La Quinta)やホリデイ・イン(Holiday Inn)やハワード・ジョンソンズ(Howard Johnson's)などがある。[注40]

　市場分散型業界で集約・統合戦略を実行すると、より市場シェアの大きな企業が享受するさまざまな優位を獲得できる。たとえば、第4章(中巻)で詳述するように、市場シェアが大きい企業には、小さなシェアしかない企業に対して強力なコスト優位が存在する。大きな市場シェアはまた、企業の製品差別化に役立ったり(第5章(中巻)参照)、特定の業界における一定の価格支配力が得られたりする。

●新興業界における機会としての先行者優位

　新興業界(emerging industries)とは、技術革新や市場需要の変動、または新しい顧客ニーズの出現などにより新たに生まれた業界、または、いったん消えたが復活した業界である。過去30年にわたり、世界の経済は数々の新興業界であふれている。マイクロプロセッサ業界、パソコン業界、医療画像診断業界、バイオテクノロジー業界などはそのごく一部である。新興業界には独特の機会が存在しており、それを活用することによって、ある期間にわたり他社を上回るパフォーマンスをあげられることがある。

　新興業界の企業が活用できるさまざまな機会は、先行者優位という一般的カテゴリーに分類される。この**先行者優位(first-mover advantage)**とは、業界が発展していくごく初期に、重要な戦略的・技術的意思決定を下した企業が享受できる。業界が新たに興りつつある状況では、競争ルールの大部分や、競争の行い方・成功の仕方に関わる標準的な行動がいまだ確立していない。先行企業は、自社のみに有利なかたちで競争のルールを確立したり、業界構造を創造したりする場合がある。

　一般に先行者優位は、次の3つの要素をその源泉としている。(1)技術リーダーシップ、(2)戦略的に価値ある経営資源の先制確保、(3)顧客のスイッチング・コストの創出、である。^(注41)

[先行者優位と技術リーダーシップ]

　ある業界が発展する初期段階で、特定の技術に対して投資する企業は、**技術リーダーシップ戦略(technological leadership strategy)**を実行していると言える。この戦略は、新興業界で2つの優位を生み出す。第1に、ある特定の技術に基づく累積生産量が後発企業よりも早く大きくなるため、より低い生産コストを実現できる。こうしたコスト優位は、デュポン(DuPont)による二酸化チタン製造や、P&Gによる使い捨ておむつ市場など、さまざまな業界で有効に作用してきた。^(注42)

　第2に、ある技術に早期投資をした企業が、その技術に関して特許による保護を受け、自社のパフォーマンスを高める場合がある。^(注43)ゼログラフィー・プロセスに関するゼロックス(Xerox)の特許や、エジソンによる電球の設計に

関してゼネラル・エレクトリック（General Electric、GE）が保有する特許は、それぞれの業界の勃興期における両社の成功にとって、非常に重要な役割を果たした。[注44]

　しかし、いくつかの例外（製薬業界や特殊な化学品など）を除き、ほとんどの新興業界においては、先行企業が特許それ自体によって得る利益機会は小さい。ある研究グループは、特許をもとにした先行者優位は、先行者が費やしたコストの平均65％で模倣可能という事実を発見した。[注45]この研究グループは、すべての特許の60％は、その公開から約4年で、先行者が取得した特許権が侵害されることなく模倣されることも明らかにした。第3章で詳しく議論するが、それがたとえ新興業界であっても、特許の保有が持続可能な競争優位の源泉になることは稀である。

［ 先行者優位と戦略的に価値ある経営資源の先制確保 ］

　技術にのみ投資する先行企業は、たいていの場合、持続的競争優位を獲得することはない。だが、ある業界において、戦略的に価値ある資源をその真の価値が知れわたる前に手に入れた先行企業は、持続的競争優位を獲得できる。**戦略的に価値ある経営資源**（strategically valuable assets）とは、特定の業界において競争に成功するために必要な資源である。このような経営資源を入手できた企業は、事実上その業界において模倣に対する強力な障壁を築き上げたことになる。先行企業によって先制確保される戦略的に価値ある経営資源の例としては、原材料へのアクセス、特に好ましい地理的ロケーション、特に好ましい製品市場におけるポジションなどがある。

　石油会社であるロイヤル・ダッチ・シェル（Royal Dutch Shell）は、競合他社では不可能なレベルの潜在的経済価値を持つ採掘権のリースを設定することができた。この場合、同社はある原材料への競合他社のアクセスを困難にすることで、その原材料への自社による占有的アクセスを獲得したと言える。ウォルマートは、競合他社に先駆けて中規模都市に店舗展開し、競合他社が同じセグメントに参入することを困難にした。また、朝食シリアルのメーカーは製品ラインナップを拡張し、麦、大麦、ブラン、とうもろこし、砂糖の考えられるすべての組み合わせを取りそろえた。このケースでは参入を抑止するために、スーパーの売り場面積において自社が持つ先行者優位を活用して

いる。

[先行者優位と顧客のスイッチング・コストの創出]

　企業は、顧客にとってのスイッチング・コストを創出することによっても先行者優位を獲得できる。**顧客のスイッチング・コスト**（customer-switching costs）は、顧客がある企業の製品やサービスを利用するために何らかの投資をした時に生じる。この種の投資は、顧客を特定の企業に固着させ、顧客が他企業から製品やサービスを購入することを困難にする。スイッチング・コストは、パソコン用アプリケーション・ソフト、処方箋医薬品、日用食料品雑貨など、さまざまな業界で重要な役割を果たしている。

　パソコン用アプリケーション・ソフトの業界では、ユーザーは特定のソフトウエアの使い方を習得するために多大な投資を行う。いったん特定のソフトの使い方を覚えてしまうと、たとえ現在のものよりも優れたソフトが発売されても、すぐに乗り換えることはほとんどない。そのような乗り換えをするには、ユーザーは新しいソフトの中身を学習し、いま使っているソフトとどこが違ってどこが似ているのかを習得し直さなければならない。こうしてパソコン・ユーザーのなかには、新しいソフトのほうがはるかに機能的に優れているにもかかわらず、依然として古いソフトを使い続ける人が確実にいる。

　パソコン・ソフトと似たようなスイッチング・コストが、処方箋医薬業界の一部のセグメントにも存在する。医師のなかには、いったんある特定の医薬品の処方や副作用を熟知し、その医薬品に慣れ親しんでしまうと、現行薬よりも効き目のよい新しい医薬品が出てきても、慣れた古い薬からスイッチするのを億劫がる者もいる。新薬を試すには、その薬品の効能や性質、副作用を学習しなければならない。たとえその新薬が政府の認可を受けていたとしても、医者は自分の患者をいわば実験台にしてその薬を試してみる必要がある。こうした状況の下では、多くの医師は新薬による療法を即座に採用することには消極的である。それゆえ製薬企業は、膨大な時間とお金を投じ、自社の販売員を使って顧客である医師を「教育」しようとするのである。このような教育は、「現在の薬から新薬にスイッチしてもよい」と医師に思わせるうえで不可欠である。

顧客のスイッチング・コストは、日用食料品業界でも物を言う。食料品店では店ごとに商品レイアウトが異なる。顧客はいったんどの商品がどこにあるかを覚えてしまうと、いつも行く店を容易に替えようとはしない。店を替えると、商品の場所をまた一から覚え直さなければならないからだ。何らかのマイナー商品を探し出すために、新しい店のなかをうろうろ歩き回る時間とフラストレーションは、多くの顧客にとって避けたいものである。さらに言えば、顧客が店を替えるコストが十分に大きい場合、食料品店はそのようなコストが存在しない場合よりも、高い価格で商品を売ることができるかもしれない。

［ 先行者劣位 ］

　もちろん新興業界における先行企業の優位は、その機会を活用する「リスク」と比較衡量されなければならない。この種の業界の特徴は、そこに「非常に大きな不確実性」が存在することだ。先行企業は、特に重要な戦略的意思決定を行おうとしている時、「何が正しい意思決定なのか」がまったくわからない可能性がある。

　このように非常に不確実な状況においては、先行する以外の合理的な戦略的代替案は、柔軟性を保持することかもしれない。

　一般に先行企業は、新興業界が進化するごく初期段階で意思決定を下し、その進化の方向性に影響を与えることにより、自身が直面する不確実性を解消しようとする。一方、「柔軟性」を活用する場合、企業は経済的に適切な方向性が明らかになるまで意思決定を遅らせ、それが明らかになった時点で迅速にその方向性に則った戦略を実施する。このトピックについては、第6章（中巻）で詳述する。

●成熟業界における機会：製品改良、サービス、プロセス革新

　新興業界は、既存業界の競争ルールを書き換える、まったく新しい製品や技術の創造によって生まれることが多い。だが、こうした新しいビジネスのルールがあまねく普及し、技術が競合他社によって拡散し、新製品や新技術の革新スピードが鈍化するにつれ、その業界は「成熟」のフェーズへと移行し

ていく。業界のこのような質的変化は認識が困難であり、企業に戦略上・業務遂行上の問題をもたらす。

　成熟業界(mature industries)に共通する特徴は、(1)業界における総需要成長スピードの鈍化、(2)経験豊富なリピート顧客の存在、(3)生産能力増加スピードの鈍化、(4)新製品や新サービスの導入頻度の鈍化、(5)外国製競合製品の増加、(6)業界利益率の全体的低下、などである。[注49]

　米国のファストフード業界は、ここ何年かで成熟を迎えている。1960年代には、米国全土にわたる大型チェーンはたった3つしかなかった。マクドナルド、バーガーキング、デイリークイーン(Dairy Queen)である。80年代を通じ、マクドナルドの成長率が抜きん出てはいたが、これら3つのチェーンはすべて急成長を遂げた。だがこの時期、他のファストフード・チェーンがこの業界に参入した。ケンタッキー・フライドチキン(Kentucky Fried Chicken)、ウェンディーズ、タコベル(Taco Bell)などの全米チェーンや、ジャック・イン・ザ・ボックス(Jack in the Box)、イン・アンド・アウト・バーガー(In-N-Out Burger)、ファイブ・ガイズ・バーガー＆フライ(Five Guys Burgers and Fries)といった有力ローカルチェーンである。90年代初頭には、業界の成長は著しく鈍化した。マクドナルドは、既存店の売上げに悪影響を及ぼさない新規立地を見つけることがもはや困難になってきていると公言した。

　ファストフード業界の競争が米国ほど成熟していない外国市場を除き、多くの米国のファストフード企業の90年代における利益率は、60〜80年代ほどには高くなかった。そして2000年代中盤になると、多くのファストフード・チェーンは利益率の向上に苦戦するようになっていた。[注50]

　成熟業界における機会は、新興業界での新製品・新技術の開発からシフトし、一般に現行製品の改良、サービス品質の向上、プロセス革新による製造コストの削減と品質向上へと重点が移る。

[**現行製品の改良**]

　台所用洗剤、エンジンオイル、台所用電化製品などの成熟業界では、今後おそらく大きな技術的ブレークスルーは起きないだろう。しかしだからといって、この業界で革新がまったく起こらないとは言えない。こうした業界での革新は、既存製品・既存技術の延長上で改良を加えることによって生じる

のだ。

　台所用洗剤の業界における最近の革新は、パッケージの変更や、洗濯機に
そのまま放り込むことのできる小型パック化にした濃縮洗剤を中心に行われ
ている。エンジンオイルでは、最近のパッケージ素材の変更(アルミ箔の缶か
らプラスチック容器へ)、オイルをより長持ちさせる添加剤、4サイクル専用オ
イルの開発などが、この種の革新である。台所用電化製品では、くだかれた
氷と水を出す口がドアについた冷蔵庫や、業務用強力コンロの家庭版、皿の
汚れ具合を感知して洗浄サイクルを自動的に選択する皿洗い機などが最近の
例である。^(注51)

　ファストフード業界では、マクドナルドやウェンディーズといった企業が
ハンバーガーを中心とした子ども向けメニューに加え、健康志向でより大人
向けの商品を導入して従来のメニューを補っている。このような取り組みは、
これら企業の収益性回復につながっている。

[サービス品質の向上]

　企業に新製品や新技術開発への投資余力がない場合、製品差別化の努力は
多くの場合、顧客サービスの向上に注がれる。「顧客サービスの質が非常に
高い」という評判が得られれば、たとえ製品自体はそれほど差別化されてい
なくても、優れた経済的パフォーマンスをあげる可能性がある。

　このサービスへの注力は、多くの業界で大変重要な選択肢となっている。た
とえば飲食店業界では、ファストフード・セグメントにおける成長の鈍化は、
いわゆる「ファスト・カジュアル」セグメントの成長が大きな要因となってい
る。ファスト・カジュアル・セグメントに属する飲食店としては、パネラ・
ブレッド(Panera Bread)、チポトレ・メキシカン・グリル(Chipotle Mexican
Grill)、カフェ・リオ(Café Rio)などがある。これらの飲食店では、顧客は依
然としてカウンターで注文をしたり商品を受け取ったりするが、食べ物の品
質と見た目はいずれもファストフード店を上回ると認識されている。また、多
くのマクドナルドに遊び場が併設されていることからもわかるとおり、ファ
ストフード店は一般に、子どもにとって魅力を持つよう設計されている。

　一方、ファスト・カジュアル店の多くは座席がゆったりしており、店内は
落ち着いた色と座り心地の良い椅子で装飾され、冬の寒い夜に温かさと雰囲

気をもたらす暖炉が設置され、店内BGMはリラックスできる選曲である。ファストフードのスピードと利便性、およびカジュアル・ダイニング（例：アップルビーズ（Applebee's）、チリズ（Chili's））の品質と雰囲気を組み合わせたファスト・カジュアル・ダイニングは、飲食業界において最も成長率の高いセグメントとなっている。^(注52)

[プロセス革新]

　企業の**プロセス**（process）とは、製品やサービスを設計・製造・販売するために企業が携わるさまざまな活動である。**プロセス革新**（process innovation）とは、企業の現在のプロセスを改革・改良することである。

　製品革新とプロセス革新、そして業界の成熟度の関係を検証した研究がある。^(注53)この研究によれば、業界発展の初期段階では製品革新が非常に重要となる。ところが、時間の経過とともに製品革新の重要性は徐々に減少し、製品コストの削減、製品品質の向上、経営プロセスの合理化を実現するためのプロセス革新がより重要になってくる。成熟した業界では、企業は競合他社と同じ製品を製造していながら、それをより低コストで行うことによって競争優位を獲得できる。あるいは、より高品質の製品を競合並みの価格で提供することによっても、優位を獲得できよう。プロセス革新は、コスト低減と品質向上の双方に寄与するのである。

　プロセス革新が成熟した業界で果たす役割の最も典型的な例として、米国製自動車の品質向上が挙げられよう。1980年代当時、日産自動車、トヨタ自動車、本田技研工業などの日本企業は、ゼネラルモーターズ（General Motors）、フォード・モーター、クライスラー（Chrysler）などの米国企業が生産していた自動車よりも、はるかに高い品質の自動車を販売していた。競争劣位に置かれた米国企業は、自社が製造する自動車の品質向上を目指し、数多くのプロセス革新に着手した。80年代当時、米国の自動車メーカーは、車体パネルがうまくはまらない点、バンパーが曲がって取りつけられている点、不適切なエンジンが搭載されている点などを指摘されていた。

　だが今日においては、米国製の新車と日本製の新車の間にはほとんど品質上の差が見られない。実際、初期生産品質の評価機関として有名なJ.D.パワー（J.D. Powers）は、いまや基幹部品ではメーカー間の優劣に差がなくなって

きているため、ドリンクホルダーの品質やキーレスエントリーシステムの操作可能距離などに基づいて自動車の品質格付けを決めている。米国の自動車メーカーの多くは、80年代に抱えていた重大な品質問題の数々を、ほぼ全面的に解消したのである。[注54]

●衰退業界における機会：市場リーダーシップ、ニッチ、収穫、撤退

　衰退業界（declining industry）とは、継続的に業界全体の売上規模が減少している業界である。[注55]当然、衰退業界にいる企業は、機会よりも多くの脅威にさらされている。競合の脅威は非常に高く、購入者、供給者、代替の脅威もきわめて高い。

　しかし、脅威の度合いは高いものの、企業が活用できる機会が存在しないわけではない。この種の業界で企業が持ち得る代表的な戦略オプションは、市場リーダーシップ、ニッチ、収穫（harvest）、および撤退である。

[　市場リーダーシップ戦略　]

　衰退業界では、需要減退に伴い生産や流通などでしばしば過剰能力を抱える。こうした業界の企業は、過剰能力が需要に見合った水準に修正される過程で、大規模な**業界再編の時期**（shakeout period）に耐えなければならない。だが、こうした再編を経た後には、効率性が高く無駄のない少数の企業は、脅威がほとんどなく、機会が存在する比較的楽な環境を享受できる。再編後に実現するであろう業界構造が非常に魅力的と考えられる場合、何とか再編の嵐を乗り切って、より高い利益を得られる時期がくるまで生き残ろうというインセンティブが企業には働く。

　もしもある企業が、より有利な市場環境の到来を見越して、再編の嵐が通り過ぎるまで生き抜こうと決断した場合、その企業は生存確率を高めるためのさまざまなステップを考慮しなければならない。なかでも重要なのは、業界再編の前に自社が**市場リーダー**（market leader）のポジション（その業界で最大の市場シェア）を実現しておくことである。この場合、市場リーダーになる目的は暗黙的共謀でも、規模の経済による低コストの実現（第4章（中巻）参照）でもない。衰退業界における市場リーダーの目的とは、来るべき再編を乗り

切れないと思われる企業の市場退出を促すことにある。それにより、自社にとって有利な競争ポジションを可能な限り早く獲得するのである。

衰退業界の市場リーダーが他企業の退出を促すには、いくつかの方法がある。競合企業の製品ラインを買収してそれを縮小したり、競合企業の生産能力を買収して解体したり、競合他社製品向け交換部品の生産供給を開始したり、自社が業界に居残ってリーダー企業であり続ける強い意思を示すシグナルを送ったりすることである。

たとえば、欧州の石油化学業界における過剰生産能力の問題は、インペリアル・ケミカル・インダストリーズ(ICI)が自社のポリエチレン工場と、BP(旧ブリティッシュ・ペトロリアム)のポリビニールクロライド(PVC)工場を交換することによって部分的に解消した。この事例では、両社がそれぞれ特定分野(ポリエチレンとPVC)に特化して居続けるというメッセージを競合に示しつつ、同時に過剰生産能力を互いに削減できたことになる。^(注56)

［ ニッチ戦略 ］

衰退業界において市場リーダーシップ戦略をとる企業は、他企業の市場退出を促そうとするが、衰退業界で**ニッチ戦略**(niche strategy)をとる企業は事業範囲を狭く絞り、業界のある特定セグメントに集中する。もしもほんの数社しかこの特定のニッチを追求しなかった場合、たとえ業界全体の需要は縮小したとしても、それらの企業は有利な市場環境を享受できる可能性がある。

このニッチ戦略は、アナログ写真とアナログ音楽録音(すなわち、レコード盤)という2つの業界において出現した。現在、写真と音楽録音はいずれも、デジタル・フォーマットが圧倒的に支配している。だが、これらの市場においてアナログ製品が完全に消えたわけではない。たとえばイーストマン・コダック(Eastman Kodak)がスピン・オフしたアラリス(Alaris)と、ロモグラフィー(Lomography)というスタートアップ企業は、プロの写真家や写真の愛好家向けに写真用のフィルムを生産し続けている。こうした写真家たちは、フィルム写真によって実現できる画質、美しさ、深い色調に魅了されており、これらの要素はデジタル写真によっては簡単に再現できないと確信している。

またレコード盤においては、LP盤、EP盤、そして45回転盤でさえも需要の復活が見られる。オーディオ愛好家のなかには、レコード盤に収録される

音質がCDのそれよりも優れていると信じている人さえいる。実際、レコード盤の売上げは2015年には23.9%増加した。一方、物理媒体のアルバム売上げ全体に占めるレコード盤の割合は、依然として米国では8%未満、英国では5%未満にすぎない。しかし、アーバン・アウトフィッターズ（Urban Outfitters）やバーンズ・アンド・ノーブル（Barns and Noble）などの小売業者は、このニッチ市場に十分な潜在性を見出し、近年レコード盤の販売を始めた。^(注57)

［ 収穫戦略 ］

　市場リーダーシップ戦略とニッチ戦略は、いくつかの点で異なるものの、1つ共通点がある。それは、これらの戦略をとろうとする企業は、業界が衰退に向かっているにもかかわらず、そこに存在し続ける意思があることである。

　一方、衰退業界で**収穫戦略**（harvest strategy）をとろうとする企業は、長期間にわたってその業界で存在しようとは考えていない。むしろそれらの企業は長期間をかけてシステマチックかつ段階的に、業界から退出しようとする。そしてその退出期間中に可能な限りの利益を刈り取ろう（収穫しよう）とするのである。

　収穫戦略の実行期間中に経済的価値を刈り取ることは、それを行うに足るだけの価値が存在していることが前提となる。であるから、この戦略を実行する企業は、業界が衰退し始める前に、少なくとも標準的な経済的パフォーマンスをあげていることが条件となる。

　収穫戦略の実行にはさまざまな方法がある。製品ラインの縮小、配送網の縮小、利益のあがらない顧客の切り捨て、製品品質の切り下げ、サービス品質の切り下げ、そして設備のメンテナンスや修理の繰り延べなどである。そして最終的に、ある期間にわたる収穫の後、その事業を（業界のリーダーに）売却するか、単に営業を停止する。

　衰退業界における上述の収穫の機会は、概念としては単純に聞こえるかもしれないが、実際にこれを実施する際にはきわめて困難な経営上の課題に直面する。すなわち、ある企業が収穫戦略の実行へ向けて動き出すのは、その企業の経営幹部たちがこれまで長期間にわたって誇りとしてきたものを捨て去らねばならない可能性があるからだ。

　これまでは高品質のサービス、高品質の製品、きわめて高い顧客価値の提

供に注力してきた企業が、収穫戦略に着手することにより、サービス品質の低下、製品品質の悪化、価格の上乗せといった逆の行動をとらなければならないからである。こうした変化は経営幹部には受け入れがたく、退職率が高まるかもしれない。さらに、収穫戦略を実行中の事業では、優秀な人材を引きつけ雇用することもままならないだろう。そうした人材はもっと有望な機会を求めるに違いないからである。

上記の理由により、収穫戦略を実行中であっても、それを自ら表明する企業は少ない。しかし、そのような例がまったく存在しないわけではない。GEは、電気タービン事業で収穫戦略を実行したようである。また、ユナイテッド・ステイツ・スチール（United States Steel）とインターナショナル・スチール・グループ（International Steel Group、訳注：現ミッタル・スチール）も、鉄鋼市場の一部セグメントにおいてこの戦略を実行したように思われる。[注58]

［ 撤退戦略 ］

衰退する業界に身を置く企業にとっての最後の機会は、撤退である。収穫戦略と同様、撤退（divestment）の目的もその業界からの退出である。しかし、収穫戦略と異なるのは、撤退行為が非常に短期間で終了することと、業界の衰退パターンがはっきりした直後に実行に移される場合が多い点である。確固たる競争優位を持たない企業にとっては、収穫すべき経済的価値がそもそも多くないことから、収穫戦略よりも素早い撤退戦略のほうが優れた戦略オプションとなる。

1980年代、GEは家電事業を放棄する際にこの素早い撤退戦略を実行した。この業界の需要は80年代を通じてほぼ横ばいであったが、（特にアジア企業の進出により）市場競争は一挙に激しくなった。GEは家電事業の大半を売却した資金を使って、より高い経済的パフォーマンスが期待できる医療用画像診断装置の市場に参入した。[注59]

防衛関連の業界では、ジェネラル・ダイナミクス（General Dynamics）が少なくとも一部の事業セグメントにおいて撤退戦略の実施を公言した。同社の経営陣は、業界衰退の非常に早い段階で、この防衛関連市場で既存企業すべてが生き残ることは不可能だと判断した。同社はいくつかの事業において、自社が市場リーダーとして存続することはもはや困難と結論づけ、それらの事

業からは素早く撤退して、残る一握りの事業に経営資源を集中させることにした。

1991年以降、同社はミサイル・システム事業、セスナ航空機事業、そして戦術戦闘機事業（商業的に非常に成功したF-16戦闘機を生み出し、また次世代戦闘機であるF-22の開発コンソーシアムのメンバー企業である）を、合計28億3000万ドル以上で売却した。この撤退によって、株価が撤退前の1株25ドルから撤退後には最大1株110ドルに達するなど、ジェネラル・ダイナミクスの株主にとってかなり大きな価値を生んだ。この間、ジェネラル・ダイナミクスの株式は株主に555％の投資収益率をもたらした。^(注60)

もちろん、すべての撤退戦略が業界の衰退をきっかけに実行されるわけではない。ある時は、売却によって事業を絞り込んで残りの事業経営に集中するため、またある時は資金調達のために、さらにはある事業の業務を効率化するために部分的に撤退することもある。撤退戦略のこれらのバリエーションは、それぞれの企業の多角化戦略を反映している。それについては第8章（下巻）にて詳細に検討する。

本章の要約 Summary

戦略経営プロセスの下では、戦略的選択を行う前のステップとして、自社の競争環境に存在する脅威や機会を分析しなければならない。この分析の出発点は、自社を取り巻く一般的外部環境を理解することである。この「一般的外部環境」には、6つの要素がある。すなわち、技術の変化、人口動態の傾向、文化的傾向、経済環境、法的・政治的情勢、特定の国際的事象である。これら「一般的外部環境」の要素には、企業に直接作用するものもある。しかし、これらの要素は通常、その企業の個別の外部環境にまず影響を与え、それが事業活動に影響をもたらす。

SCPモデルを用いれば、企業の競争環境に存在する脅威を分析するためのツールを構築できる。そのなかで最も影響力を持つツールは、特定の業界において企業の収益性を脅かす、5つの「外部環境の脅威」に焦点を当てる。その5つの脅威とは、新規競合の脅威、既存競合同士の競争による脅威、優良・低価格な代替品の脅威、供給者（サプライヤー）交渉力の脅威、購入者（顧客）影響力の脅威である。

新規競合の脅威の大きさは、参入障壁の有無とその「高さ」によって決まる。よく見られる参入障壁には、規模の経済、製品差別化、規模と無関係のコスト優位、政府による参入規制などがある。

　既存の直接競合による脅威の大きさは、業界における企業の数とそれらの競合度によって決まる。この種の脅威が大きい業界とは、競合企業が多数存在し、それぞれの競合企業がその規模と市場影響力において同程度であり、業界の市場成長率が低く、製品差別化が存在せず、生産能力の増強単位が大きい業界である。

　優れた代替品の脅威の大きさは、代替的な製品やサービスがその性能やコストにおいて、その業界の製品やサービスとどれほど近似しているかによって決まる。「直接競合」が自社と同じ顧客ニーズをほぼ同じ方法で満たすのに対し、「代替品」は自社と同じ顧客ニーズを大きく異なる方法で満たす。

　ある業界における供給者交渉力の脅威の大きさは、供給者がその業界に供給している製品の量とその特異性によって決まる。供給者交渉力の脅威が高まるのは、供給者の業界が少数の企業で支配されている場合、供給者の販売する製品に独自性があるか、あるいは高度に差別化されている場合、供給者が代替の脅威にさらされていない場合、供給者が前方垂直統合をするおそれがある場合、および供給者にとって自社が重要な顧客ではない場合である。

　最後に、購入者影響力の脅威の大きさは、業界における顧客の数とその規模によって決まる。購入者影響力の脅威が高まるのは、購入者が少数の場合、購入者に販売される製品が差別化されておらず標準品である場合、購入者に販売される製品価格が購入者の最終コストの大きな割合を占めている場合、購入者が高い経済的利益を得ていない場合、および購入者が後方垂直統合するおそれがある場合である。以上のような脅威が、ある業界においてどのレベルで存在するかということを総合的に評価すれば、その業界に属する企業の期待される平均的パフォーマンスを知ることができる。

　企業の外部環境に存在するもう1つの環境要因として、補完者がある。「競合」が自社と利益の取り分をめぐって市場を取り合う存在であるのに対し、「補完者」は市場全体の規模を拡大する存在である。CEOの視点に立った場合、ある他企業が自社の補完者であると言えるのは、顧客が単体で自社製品を利用する時よりも、その企業の製品と合わせて利用する時のほうが自社製品の価値が高まる場合である。一般に企業は、競合の参入はなるべく減らそうと

する強いインセンティブを持つが、補完者の参入は、場合によってはなるべく増やそうとする強いインセンティブを持つ。

　SCPモデルは、特定業界における戦略的機会が何であるかを分析するツールを構築する際にも使える。その方法とは、いくつかの基本形となる業界構造を設定し、それぞれの業界において存在する戦略的機会を特定することである。

　最もよく見られる業界構造には、市場分散型業界、新興業界、成熟業界、衰退業界の4種類がある。市場分散型業界における主な機会は、業界の集約・統合である。新興業界における最も重要な機会は、先行者優位である。先行者優位を獲得する手段としては、技術的リーダーシップ、戦略的に価値ある経営資源の先制確保、顧客のスイッチング・コストの創出などがある。成熟業界における主な機会は、製品改良、サービス品質への投資、およびプロセス革新である。衰退業界における機会としては、市場リーダーシップ、ニッチ、収穫、撤退などがある。

チャレンジ問題 Challenge Questions

2.1　かつての大学時代のルームメイトが訪ねてきて、地元にピザの店を開きたいので1万ドル貸してほしいと言う。彼が言うには、すでに類似の飲食店が数多くあり、さらに毎月3、4店が開業しており、ピザとファストフードに対する莫大な需要があるに違いないということだ。また、軽食への需要も増大しつつあり、スーパーで冷凍食品を販売している企業があると言う。彼にお金を貸すことには、どのようなリスクが伴うか。

2.2　企業は、「経営ノウハウは潜在的ライバルに対する参入障壁になる」と考える場合がある。そのノウハウは、必ずしも企業秘密あるいは知的財産であるとは限らない。すなわち、強いリーダーが中心となって構築された集合的な知の体系が、優れた創造力・業務遂行力の源泉となるのである。それによって自社にきわめて大きな優位がもたらされ、自社が属する業界への新規参入は抑制される、と考える企業がある。この点について、自らの意見を述べよ。

2.3　政府の政策は、その業界における企業の平均的な収益性に多大な影響を与え得る。しかし「政府」はSCPモデルにおいて、潜在的脅威とはされていない。モデルを拡張して政府も含めるべきか。そうであるならばなぜか。含めるべきでないとす

ればなぜか。

2.4 経営者は概して顧客や競合企業にほとんどの時間を費やし、国際情勢の把握にはほとんど取り組んでいないことが多い。また、そのような取り組みを行っていたとしても、多くの場合は最近の出来事にざっと目を通す程度である。経営者はもっと国際政治に注目するべきか。

2.5 SCPモデルの下では、「既存競合同士の競争による脅威」「新規競合の脅威」「優良・低価格な代替品の脅威」というかたちで「敵対関係」がとらえられる。この3つの敵対関係が企業にとってそれぞれどのような意味を持ち、どのように異なるかを述べよ。

2.6 顧客ロイヤルティの高い伝統的な顧客ベースを持つ企業にとって、自社よりも低価格かつ低品質な製品は自社にどのような脅威をもたらすか。

2.7 「ニッチ」と「製品改良」の機会がいずれも存在する業界には、どのようなものがあるか。

2.8 新興業界から成熟業界、さらには衰退業界へと業界構造が進化していくことは、どのような状況下において不可避であると言えるか。

演習問題 Problem Set

2.9 次の2つの業界の潜在的利益水準を分析せよ。

製薬業界

製薬業界は、医薬品を開発し、それに関する特許を取得し、その医薬品を販売する企業によって構成されている。この業界には製造における著しい規模の経済は存在しないが、研究開発プロセスには重要なノウハウ蓄積の効率性が存在する。また、ブランド化した商品を販売すれば、企業は製品差別化も可能である。企業は研究開発分野で競争を行っているが、いったん新薬が開発され特許が取得されると、その競争はほとんどなくなってしまう。最近ではノーブランドのジェネリック医薬品の普及により、一部のブランド品の収益性が脅かされている。効き目のある新薬が開発されると、通常はそれを代替する医薬品は、少なくとも特許が切れるまではほとんど存在しない。医薬品は汎用の原材料から製造され、通常は数多くの供給者から購入できる。また、医薬品の主な購入者は医師と患者である。医療費の高騰により、近年では米国政府と保険会社が薬価低減への圧力をかけるようになってきている。

医薬品流通業界

　医薬品流通業界を構成するのは、製薬会社から医薬品を仕入れ、薬局、病院、そして医薬品を小売りする何百、何千種類もの業者に対し、医薬品の販売・流通を行っている企業である。ある企業の確立された流通網に医薬品をもう1単位のせるための限界費用はほぼゼロに近いため、この業界にはかなり大きな規模の経済性が存在する。この業界にはかつて350社を超える企業が存在した。それがいまでは一連の買収を経て、合計で市場シェアの95％を占める3社によって市場が支配されている。これらの企業の間では、かなり激しい競争が行われている。医薬品流通企業は時として、（供給側では）製薬会社との関係を維持するため、（需要側では）統合しつつある薬局チェーンとの関係を維持するため、限界費用よりも低い水準の価格設定を行う。医薬品のなかにはかなり高い値段がつくものもあるが、医薬品の服用は、手術など通常は病院で行われるより侵襲性の高い医療行為と比べれば、相対的にコストの低い代替手段である。

2.10　次の業界について機会分析を行え。
(a) メキシコのファストフード業界
(b) ナイジェリアの有線電気通信業界
(c) 中国のパソコン製造業界
(d) 世界のLED製造市場
(e) 世界の小型包装物翌日配達市場

2.11　次の企業について、それぞれ2つのライバルと2つの補完財を挙げよ。ライバルとは、既存の競合、代替品の生産者、潜在的参入者のことである。
(a) トヨタ自動車
(b) マイクロソフト
(c) レノボ
(d) HSBCホールディングス
(e) アップル

2.12　「ある企業が特定の他社に対して、競合でありながら同時に補完者でもある」という状況には、具体的にどのようなものがあるか。

2.13　企業は、どのような条件がそろっていれば新興業界において先行者優位を獲得できると考えられるか。

1　Vroom, G., and I. Sastre (2016). *Spotify in 2016: Facing Increased Competition.* SM-1642-E, IESE Business School, Barcelona, Spain; Cookson, R. "Losses Point to Bleak Future for Music Streaming Services," *Financial Times*, 2015年12月3日 , 2016年11月7日アクセス。

2　(2003). *The big book of business quotations.* New York: Basic Books, p. 209を参照。

3　バイオテクノロジーにおける最新の研究成果と、それによってもたらされた新たな経営課題については、Weintraub, A. (2004). "Repairing the engines of life." *Business Week*, 2004年5月24日 , pp. 99+を参照。

4　ここで提示したデータは、EY（かつてのアーンスト・アンド・ヤング）がさまざまな業界の管理職・非管理職1200人を対象として2013年に実施した調査において報告されたものである。以下を参照。Giong, V. (2013). "Here arc the Strengths and Weaknesses of Millennials, Gen X, and Boomers," *Business Insiders*, 2013年9月9日 , 2016年11月7日アクセス。

5　オラクルが銀行顧客に向けて作成したレポートにおいて、このような検証結果に関する記述がある。このレポートは以下からアクセスできる。www.oracle.com/US/industries/financialservices/gen-y-survey-report/65297.pdf 2016年11月7日アクセス。

6　Census.Gov.

7　以下を参照。Bryan, E. "Hola: P & G Seeks Latino Shoppers," *The Wall Street Journal*, 2011年9月15日 , 2016年11月7日アクセス。

8　ここで挙げた文化的な違いの例、およびその他の文化的な違いの例については、Rugman, A., and R. Hodgetts (1995). *International business.* New York: McGraw-Hillに記述がある。

9　「業界構造－企業行動－パフォーマンス」モデルの初期の研究には、Mason, E. S. (1939). "Price and production policies of large scale enterprises." *American Economic Review*, 29, pp. 61–74および Bain, J. S. (1956). *Barriers to new competition.* Cambridge, MA: Harvard University Pressなどがある。このフレームワークの主な発展の経緯は、Bain, J. S. (1968). *Industrial organization.* New York: John Wiley & Sons, Inc.およびScherer, F. M. (1980). *Industrial market structure and economic performance.* Boston: Houghton Mifflinにまとめてある。このフレームワークと企業戦略に関するその他の研究が、どのように結びつくかについては、Porter, M. E. (1981a). "The contribution of industrial organization to strategic management." *Academy of Management Review*, 6, pp. 609–620および Barney, J. B. (1986c). "Types of competition and the theory of strategy: Toward an integrative framework." *Academy of Management Review*, 1, pp. 791–800に論じられている。

10　Barney, J. B. (1986). "Types of competition and the theory of strategy." *Academy of Management Review*, 11, pp. 791–800; Demsetz, H. (1973). "Industry structure, market rivalry, and public policy." *Journal of Law and Economics*, 16, pp. 1–9; Porter, M. E. (1981). "The contribution of industrial organization to strategic management." *Academy of Management Review*, 6, pp. 609–620.

11　たとえば、Porter, M. E. (1979). "How competitive forccs shape strategy." *Harvard Business*

Review, March–April, pp. 137–156 (邦訳「5つの環境要因を競争戦略にどう取り込むか」『DIAMOND ハーバード・ビジネス・レビュー』1997年3月号) または Porter, M. E. (1980). *Competitive strategy.* New York: Free Press (邦訳『競争の戦略 (新訂)』土岐坤ほか訳、ダイヤモンド社、1995年) を参照。

12   Barney, J. (2007). *Gaining and sustaining competitive advantage,* 3rd ed. Upper Saddle River, NJ: Pearson Higher Education (邦訳『企業戦略論』岡田正大訳、ダイヤモンド社、2003年)

13   これらの参入障壁は、Bain, J. S. (1968). *Industrial organization.* New York: John Wiley & Sons, Inc. で最初に提起された。その業界へ参入するコストを、参入障壁がある場合とない場合をそれぞれ計算することによって、その参入障壁の「高さ」を実際に概算することが可能である。それぞれの場合のコストの差が、その業界への参入障壁の「高さ」である。

14   また別の選択肢は、1つの企業が1つ以上の工場を所有し操業することかもしれない。もしこの業界に「範囲の経済」が存在するのであれば、潜在的参入者が業界に参入し、標準以上の利益をあげられるかもしれない。範囲の経済とは、2つの事業を別々に行うよりも同時に2つの事業を行ったほうが価値が大きい場合のことを言う。範囲の経済の概念については、第3部 (下巻) にて詳しく考察する。

15   Ghemawat, P., and H. J. Stander III. (1992). "Nucor at a crossroads." Harvard Business School Case No. 9-793-039 を参照。

16   Montgomery, C. A., and B. Wernerfelt (1991). "Sources of superior performance: Market share versus industry effects in the U.S. brewing industry." *Management Science,* 37, pp. 954–959 を参照。

17   Sorkin, A. R., and M. Merced (2008). "Brewer bids $46 billion for Anheuser-Busch." *New York Times,* 6月12日. http://www.nytimes.com/2008/06/12/business/worldbusiness/12beer.html?_r=0

18   Stecklow, S. (1999). "Gallo woos French, but don't expect Bordeaux by the jug." *The Wall Street Journal,* 3月26日, pp. A1+.

19   Wingfield, N. (2013). "Intertrust sues Apple over patent violations." Bcts.blogs. NYTimes.com, 3月20日; Swisler, K. (2012). "Yahoo sues Facebook for patent infringement." Allthings.com, March 12; Fingas, J. (2013). "Google countersues BT." www.engadget.com, 2月13日; "Boston University sues Apple for patent infringement." (2013). www.macworld.com, 7月3日; "Nokia taking HTC to court over patent violations." (2013). www.mobilemg.com, 5月25日; Dobie, A. (2013). "Apple looks to add Sony Galaxy 54 to patent infringement suit."www.androidcentral.com, 5月14日; "Bad Apple." (2013). www.catholic.org, 6月5日.

20   Brachmen, S. "2015 Litigation Trends," ipwatchdog.com, 2016年1月8日. 2016年11月7日アクセス。

21   以下の文献を参照。Kogut, B., and U. Zander (1992). "Knowledge of the firm, combinative capabilities, and the replication of technology." *Organization Science,* 3, pp. 383–397; および Dierickx, I., and K. Cool (1989). "Asset stock accumulation and sustainability of competitive advantage." *Management Science,* 35, pp. 1504–1511. どの文献でも、業界への参入障壁としてノウハウが重要視されている。より一般的に言うと、無形の資源は競争優位の特に重要な源泉ととらえられる。これ

については第3章で詳しく論じる。

22　Polanyi, M. (1962). *Personal knowledge: Towards a post-critical philosophy*. London: Routledge & Kegan Paul（邦訳『個人的知識』長尾史郎訳、ハーベスト社、1985年）およびItami, H. (1987). *Mobilizing invisible assets*. Cambridge, MA: Harvard University Press（邦訳、伊丹敬之著『新・経営戦略の論理』日本経済新聞社、1984年）を参照。

23　Henderson, R., and I. Cockburn (1994). "Measuring competence: Exploring firm effects in pharmaceutical research." *Strategic Management Journal*, 15, pp. 361–374を参照。統合的な研究・開発企業よりも、研究のみに特化した製薬会社の参入のほうが比較的多い。

24　Scherer, F. M. (1980). *Industrial market structure and economic performance*. Boston: Houghton Mifflinを参照。

25　以下を参照。Epstein, Z. "You Won't Believe How Little Windows PC Makers Earn for Each PC Sold," bgr.com, 2014年1月10日. 2016年11月7日アクセス。

26　Chartier, J. (2002). "Burger battles." CNN/Money, http://money.cnn.com, 12月11日.

27　Ghemawat, P., and A. McGahan (1995). "The U.S. airline industry in 1995." Harvard Business School Case No. 9-795-113を参照。

28　Labich, K. (1992). "Airbus takes off." *Fortune,* 6月1日, pp. 102–108.

29　以下を参照。Pollock, E. J. (1993). "Mediation firms alter the legal landscape." *The Wall Street Journal*, 3月22日, p. B1; Cox, M. (1993). "Electronic campus: Technology threatens to shatter the world of college textbooks." *The Wall Street Journal*, 6月1日, p. A1; Reilly, P. M. (1993). "At a crossroads: The instant-new age leaves Time magazine searching for a mission." *The Wall Street Journal*, 5月12日, p. A1; Rohwedder, C. (1993). "Europe's smaller food shops face finis." *The Wall Street Journal*, 5月12日, p. B1; Fatsis, S. (1995). "Major leagues keep minors at a distance." *The Wall Street Journal*, 11月8日, pp. B1+; Norton, E., and G. Stem (1995). "Steel and aluminum vie over every ounce in a car's construction." *The Wall Street Journal*, 5月9日, pp. A1+; Paré, T. P. (1995). "Why the banks lined up against Gates." *Fortune*, 5月29日, p. 18 "Hitting the mail on the head." *The Economist*, 1994年4月30日, pp. 69–70; Pacelle, M. (1996). "'Big Boxes' by discounters are booming." *The Wall Street Journal*, 1月17日, p. A2; およびPope, K., and L. Cauley (1998). "In battle for TV ads, cable is now the enemy." *The Wall Street Journal*, 5月6日, pp. B1+.

30　Tully, S. (1992). "How to cut those #$%* legal costs." *Fortune,* 9月21日, pp. 119–124.

31　DeWitt, W. (1997). "Crown Cork & Seal/Carnaud Metalbox." Harvard Business School Case No. 9-296-019.

32　Perry, N. J. (1993). "What's next for the defense industry." *Fortune,* 2月22日, pp. 94–100.

33　"Crown Cork and Seal in 1989." Harvard Business School Case No. 5-395-224を参照。

34　Rumelt, R. P. (1991). "How much does industry matter?" *Strategic Management Journal*, 12, pp. 167–185; Schmalansee, R. (1985). "Do markets differ much?" *American Economic Review*, 75, pp. 341–351; Misangyi, V. F., H. Elms, T. Greckhamer, and J. A. Lepine (2006). "A new perspective on a fundamental debate: A multilevel approach to industry, corporate, and business unit effects." *Strategic Management Journal*, 27(6), pp. 571–590.

35　Brandenburger, A., and B. Nalebuff (1996). *Co-opetition*. New York: Doubleday（邦訳『コーペティション経営』東田啓作ほか訳、日本経済新聞社、1997年）を参照。

36　以下を参照。Lawler, R. (April 16, 2009). "Analyst: '09 Blue Ray sales Double Those of '08" *Engagent.AOL.* 2016年11月8日アクセス。

37　このような機会分析の方法論を最初に提起したその他の文献には、Porter, M. E. (1980). *Competitive strategy*. New York: Free Press（邦訳『競争の戦略（新訂）』土岐坤ほか訳、ダイヤモンド社、1995年）がある。

38　Conner, K. (1995). "Obtaining Strategic Advantage from Being Imitated," *Management Science*, 41, 209–225; Mandel, M. (2000). "Anti-trust in the Digital Age," *Businessweek*, 5月15日, 51; L. Tesler (1978). *Economic Theory and the Core*. Chicago: Chicago; Sjostrom, W. (1989). "Collusion in Ocean Shipping," Journal of Political Economy, 97, 1160–1179; McWilliams, A. (1990). "Rethinking Horizontal Market Restrictions: In Defense of Cooperation in Empty Core Markets," *Quarterly Review of Economics and Business*, 30, 3–14.

39　Jacob, R. (1992). "Service Corp. International: Acquisitions done the right way." *Fortune*, 11月16日, p. 96.

40　Porter, M. E. (1980). *Competitive strategy*. New York: Free Press（邦訳『競争の戦略（新訂）』土岐坤ほか訳、ダイヤモンド社、1995年）

41　先制者優位に関する網羅的な議論については、Lieberman, M., and C. Montgomery (1988). "First-mover advantages." *Strategic Management Journal*, 9, pp. 41–58を参照。

42　Ghemawat, P. (1991). *Commitment*. New York: Free Pressを参照。

43　Gilbert, R. J., and D. M. Newbery (1982). "Preemptive patenting and the persistence of monopoly." *American Economic Review*, 72(3), pp. 514–526を参照。

44　ゼロックスが保有する特許については、Bresnahan, T. F. (1985). "Post-entry competition in the plain paper copier market." *American Economic Review*, 85, pp. 15–19; GEが保有する特許については、Bright, A. A. (1949). *The electric lamp industry*. New York: Macmillanを参照。

45　Mansfield, E., M. Schwartz, and S. Wagner (1981). "Imitation costs and patents: An empirical study." *Economic Journal*, 91, pp. 907–918を参照。

46　石油・天然ガス業界における経営資源の先制確保については、Main, O. W. (1955). *The Canadian nickel industry*. Toronto: University of Toronto Press; ウォルマートの先制確保戦略については、Ghemawat, P. (1986). "Wal-Mart store's discount operations." Harvard Business School Case No. 9-387-018; 朝食シリアル業界における先制確保については、Schmalansee, R. (1978). "Entry deterrence in the ready-to-eat breakfast cereal industry." *Bell Journal of Economics*, 9(2), pp. 305–327; およびRobinson, W. T., and C. Fornell (1985). "Sources of market pioneer advantages in consumer goods industries." *Journal of Marketing Research*, 22(3), pp. 305–307を参照。 後者の文献の場合、先

制確保された「価値ある経営資源」は食料品店の売り場である。

47　Klemperer, P. (1986). "Markets with consumer switching costs." Doctoral thesis, Graduate School of Business, Stanford University; および Wernerfelt, B. (1986). "A special case of dynamic pricing policy." *Management Science*, 32, pp. 1562–1566.

48　これらの業界におけるスイッチング・コストについては、以下を参照。Gross, N. (1995). "The technology paradox." *BusinessWeek*, 3月6日, pp. 691–719; Bond, R. S., and D. F. Lean (1977). *Sales, promotion, and product differentiation in two prescription drug markets*. Washington, D.C.: U.S. Federal Trade Commission; Montgomery, D. B. (1975). "New product distribution: An analysis of supermarket buyer decision." *Journal of Marketing Research*, 12, pp. 255–264; Ries, A., and J. Trout. (1986). *Marketing warfare*. New York: McGraw-Hill; および Davidson, J.H. (1976). "Why most new consumer brands fail." *Harvard Business Review*, 54, 3–4月, pp. 117–122.

49　Porter, M. E. (1980). *Competitive strategy*. New York: Free Press（邦訳『競争の戦略（新訂）』土岐坤ほか訳、ダイヤモンド社、1995年）

50　とはいえ、マクドナルドが実際に損失を出したのは1四半期のみのことである。現在は良質な高級ファストフードへと路線変更し、収益性を取り戻している。Gibson, R. (1991). "McDonald's insiders increase their sales of company's stock." *The Wall Street Journal*, 6月14日, p. A1; および Chartier, J. (2002). "Burger battles." CNN/Money, http://money.cnn.com, 12月11日.

51　このような製品改良の詳細については、Demetrakakes, P. (1994). "Household-chemical makers concentrate on downsizing." *Packaging*, 39(1), p. 41; Reda, S. (1995). "Motor oil: Hands-on approach." *Stores*, 77(5), pp. 48–49; および Quinn, J. (1995). "KitchenAid." *Incentive*, 169(5), pp. 46–47 に述べられている。

52　以下を参照。"Fast Casual is the Fastest Growing Foodservice Segment Globally," qsrmagazine. com, 2016年4月20日. 2016年11月9日アクセス。

53　Hayes, R. H., and S. G. Wheelwright (1979). "The dynamics of process-product life cycles." *Harvard Business Review*, 3–4月, p. 127 を参照。

54　www.jdpowers.com. を参照。米国の自動車メーカーについてのこのような結論は、例外としてフィアット・クライスラー・オートモービルズ には当てはまらないようである。この点については、以下を参照。Stoll, J. (2015年6月17日). "Fiat Chrysler Brands Get Poor Ratings in Quality Study," *Wall Street Journal*. 2016年11月9日アクセス。

55　Porter, M. E. (1980). *Competitive strategy*. New York: Free Press（邦訳『競争の戦略（新訂）』土岐坤ほか訳、ダイヤモンド社、1995年）; および Harrigan, K. R. (1980). *Strategies for declining business-es*. Lexington, MA: Lexington Books を参照。

56　Aguilar, F. J., J. L. Bower, and B. Gomes-Casseres (1985). "Restructuring European petrochemi-cals: Imperial Chemical Industries, P.L.C." Harvard Business School Case No. 9-385-203 を参照。

57　Harrigan, K. R. (1980). *Strategies for declining businesses*. Lexington, MA: Lexington Books を参照。フィルム写真業界については、petapixel.com/film-photography-making-strong-comeback（参照2017年1月5日）; www.lomography.com; および www.kodakalaris.com を参照。レコード盤業界につ

いては、DigitalMusicNews/2017/01/03/vinyl-recordsales-1991（参照2017年1月5日）を参照。

58　Klebnikov, P. (1991). "The powerhouse." *Forbes*, 9月2日, pp. 46–52; およびRosenbloom, R. S., and C. Christensen (1990). "Continuous　casting investments at USX corporation." Harvard Business School Case No. 9-391-121 を参照。

59　Finn, E. A. (1987). "General Eclectic." *Forbes*, 3月23日 pp. 74–80.

60　以下を参照。Smith, L. (1993). "Can defense pain be turned to gain?" *Fortune*, 2月8日, pp. 84–96; Perry, N. J. (1993). "What's next for the defense industry?" *Fortune*, 2月22日, pp. 94–100; およびDial, J., and K. J. Murphy (1995). "Incentive, downsizing, and value creation at General Dynamics." *Journal of Financial Economics*, 37, pp. 261–314.

第 3 章

内部環境の分析

Evaluating a Firm's Internal Capabilities

本章では、以下を習得する。

3.1 リソース・ベースト・ビューがどのようなものであり、
SCPモデルとどう異なるのかを説明できるようになる。

3.2 VRIOフレームワークがどのようなものであり、
リソース・ベースト・ビューとどう関係するのかを説明できるようになる。

3.3 VRIOフレームワークを適用し、企業の経営資源やケイパビリティ(能力)が、
競争優位にどう影響するのかを分析できるようになる。

3.4 リソース・ベースト・ビューから派生する次のような論点について
議論できるようになる。

a. 企業の価値ある経営資源やケイパビリティを把握するうえで、
バリューチェーン分析はどのように活用できるか。

b. 模倣コストが高い傾向にある経営資源やケイパビリティとはどのようなものか。

c. 企業は自社の経営資源を活用するにあたって、組織構造、公式・非公式な
管理システム、報酬政策をどのように用いるか。

◉名詞が動詞になる時

実は、グーグルは世界初のインターネット検索エンジンではなかった。グーグルが誕生する1998年以前から、ライコス（Lycos）、アルタビスタ（Alta Vista）、エキサイト（Excite）、ヤフー、アスク・ジーブス（Ask Jeeves）など、少なくとも19の検索エンジンが存在した。また、グーグルは現在運営されている唯一のインターネット検索エンジンでもない。現在も、アスクドットコム（Ask.com）、ビング（Bing）、百度（バイドゥ（Baidu））、ダックダックゴー（DuckDuckGo）など、少なくとも32の検索エンジンが存在する。

しかし、一見、非常に競争が厳しそうなこの業界で、グーグルは圧倒的地位を築いている。米国市場、世界市場、いずれにおいてもグーグルのシェアは全インターネット検索の60％だ。

実際、あまりの成功に、「グーグル」という社名自体がいまや動詞になっている。現在、何かを「ググる」ということは、インターネットで検索することと同義である。グーグル以外の検索エンジンを使っていたとしてもそうだ。

グーグルがここまで成功した要因は何か、あるいは、その成功が今後も持続し拡大するというようなことはあるのか、多くの人が関心を抱いてきた。この点に関して、頻繁に話題にのぼるのは、グーグルが持つ次の3つの特徴である。

第1に、グーグルは非常に高い技術力を誇る。1990年代半ばの段階では、グーグル以外のすべての検索エンジンが各ウェブページ上の検索キーワードをカウントし、それがどのウェブサイトに最も多く掲載されているのかを表示するという仕組みをとっていた。一方グーグルは、ウェブページ間の関係を利用し、ユーザーにとって最も有益なウェブサイトへ誘導するという、まったく異なる検索プロセスを採用した。ほとんどの人は、グーグルのアプローチのほうが優れていたと評価している。

第2に、グーグルは自社のソフトウエアをマネタイズすることにおいて、とりわけ高い能力を発揮してきた。つまり、ユーザーには無償でソフトウエアを提供しながら、そこから収益を生む方法を編み出すことに長けているのである。その代表格と言えるのが、グーグルのAdWordsサービスだろう。Ad-Wordsは、グーグル広告に対する広告主の需要に応じて、ユーザーが特定のウェブサイトをクリックするたびに広告主へ課金される額を正確に設定する

システムである。Google AdWords（現 Google AdSense）は、2016年には190億ドルの売上高を生んだ。

　最後に、グーグルにはユニークな企業文化がある。創業者のラリー・ペイジ（Larry Page）とセルゲイ・ブリン（Sergey Brin）は、この企業文化こそがグーグルの成功を導いた一番のポイントであると確信している。グーグルのカルチャーは、遊び心と厳しさを兼ね備えている。

　ソフトウエア開発者は、最高水準のパフォーマンスを求められる一方、就業時間の少なくとも20%は自身の個人的関心に基づくプロジェクトに使うことを奨励されている。こうした個人的プロジェクトがのちにグーグルの主力製品になることも多い。また、グーグルは2005年に新株を発行した際、ちょうど1415万9265株を発行した。π（パイ）の小数点以下の最初の8桁と同じ数字になるようにしたのだ（3.14159265）。

　さらに、グーグルの非公式なスローガンは、"Don't Do Evil"（邪悪なことはするな）である。明らかにマイクロソフトへのあてつけだ。このスローガンに則ってグーグルは、専有のソフトウエアを開発してそれを割高でユーザーに売りつけるようなことはしない。ユーザーに信頼を寄せ、ユーザーの声に耳を傾けて新製品を開発し、ソフトウエア開発に対してオープンなアプローチをとる。

　これらの特徴が、実際にグーグルにとって持続的競争優位の源泉になっているかについては議論の余地がある。たとえば一方では、この3つの特徴を生かし、アンドロイドというオープンソースのスマートフォン用OSを開発した。アンドロイドは、世界のスマートフォン市場において80%という圧倒的シェアを誇る（それに対してアップルのシェアは18%である）。またグーグルは、自社が買収した最も有名なサービスの1つであるユーチューブをマネタイズする方法を会得したようである。ユーチューブの2016年における売上高は90億ドルに及んだ。

　しかし他方では、グーグルがモトローラ・モビリティ（Motorola Mobility、以下モトローラ）を125億ドルで買収したことに対しては、疑問を感じる人も多かった。特に、2014年に同社を29億ドルでレノボに売却したことを考えると失敗のように見える。しかし、グーグルは次のように主張した。まず、モトローラはグーグルによる買収時、30億ドルの現金を保有し、負債はゼロであった。したがって、買収額は、実質的に95億ドルであった。さらに、モトローラのケーブルチューナー事業を23億ドルで売却し、55億ドルの価値が

あると見込んだモトローラの特許を手に入れた。したがって、残った価値は17億ドル（125 − 30 − 23 − 55 ＝ 17）である。これを29億ドルでレノボに売却したのである。

また、グーグルは一般用途の検索エンジンでは圧倒的なシェアを誇るが、近年においては専門用途の検索エンジンも人気が高まっている。たとえば、旅行（例：トラベロシティ（Travelocity））、小売り（例：アマゾン・ドット・コム）、家系調査（例：アンセストリー・ドットコム（Ancestry.com））、イベントチケット販売（例：スタブハブ（StubHub））などである。これら専門用途の検索エンジンに対し、グーグルがその技術力を武器に優位を維持できるかはわからない。

もちろん、グーグルをどう評価するかについてはさまざまな意見がある。実際にどのような意見があるか探すのは簡単である。ネットで「Google」とググれば、わずか0.5秒でグーグルに関する検索結果が20億件も出てくる。[注1]

グーグルは、インターネット検索エンジン市場でも、後から進出した検索エンジンに関連する他の市場においても、非常に大きな成功を収めてきた。グーグルが持つ経営資源やケイパビリティのなかで、この成功が今後も続くことを保証するものは何か。あるいは、そのような経営資源やケイパビリティはそもそも存在するのか。本章で紹介するのは、このような問いに答えるために必要な考え方である。

◉── 経営資源に基づく企業観（リソース・ベースト・ビュー）

到達目標 3.1
リソース・ベースト・ビューがどのようなものであり、
SCPモデルとどう異なるのかを説明できるようになる。

第2章では、経済学の分野で発展してきた理論モデル（具体的にはSCPモデル）を活用し、企業の外部環境における脅威や機会を分析するツールが構築できることを示した。企業の内部環境における強みや弱みを分析する際にも、同じようなアプローチが可能だ。

しかし、第2章で紹介したツールがSCPモデルに基づくものであったのに

対し、本章で紹介するツールは経営資源に基づく企業観(リソース・ベースト・ビュー)に基づくものである。リソース・ベースト・ビューとは、競争優位の源泉として、企業が保有する経営資源やケイパビリティに着目した企業パフォーマンス・モデルである。^(注2)

●経営資源、ケイパビリティとは

　リソース・ベースト・ビューにおいて**経営資源(resources)**とは、企業が戦略の立案や実行に用いることができる、自社の管理下にある有形・無形の資源を意味する。経営資源の例としては、工場(有形資源)、製品(有形資源)、顧客からの評判(無形資源)、管理層のチームワーク(無形資源)などがある。グーグルの場合、有形資源はグーグルのウェブサイトやそれに関連するソフトウエア商品であり、無形資源は検索エンジン業界におけるブランドネームや評判である。

　ケイパビリティ(capabilities、能力)は経営資源の一種であり、自社の管理下にある他の経営資源の潜在力を最大限活用するための有形・無形の資源と定義される。すなわち、ケイパビリティ単独では企業は戦略を策定し実行することはできない。ケイパビリティとは、企業がその他の経営資源を戦略の起案と実行に用いることを可能にする資源である。

　ケイパビリティの例としては、企業のマーケティング能力や、マネジャー間のチームワークや協力関係が挙げられる。グーグルの場合であれば、検索エンジン業界での支配的地位につながったソフトウエア開発者とマーケティング部員の協力関係がケイパビリティの例である。

　経営資源やケイパビリティは、4つの大きなカテゴリーに分類できる。財務的資源、物的資源、人的資源、組織的資源である。

　財務的資源(financial resources)とは、その出所を問わず、企業が戦略を起案・実行するうえで用いるあらゆる金銭的資源である。財務的資源には、起業家自身の金銭、または株主、債権者、銀行から手に入れた金銭などがある。過去に得た利益のうち、自社にふたたび投資したものである**留保利益(retained earnings)**も重要な財務資源である。

　物的資源(physical resources)とは、企業が用いるあらゆる物理的テクノロジーである。これには工場や生産設備、立地、原材料へのアクセスなどが含

まれる。物的資源に含まれる工場・生産設備の具体例としては、コンピュータのハードウエアやソフトウエア、産業用ロボット、自動倉庫などがある。物的資源としての立地は、幅広い業種において重要な役割を果たす。

　たとえば、ウォルマート(競争の激しい都心部の店舗よりも郊外の店舗で全体的に高いリターンを得られている)やL.L. ビーン(L.L. Bean、本社をメイン州の田舎に置くことにより、社員がアウトドア志向の顧客ライフスタイルに精通できると考えているカタログ販売業者)がそうである。[注3]

　人的資源(human resources)とは、個人のマネジャーや従業員が受けた人的資源育成訓練、あるいはその仕事経験、判断力、知能、人脈、洞察力などである。[注4]マイクロソフトのビル・ゲイツ(Bill Gates)、アップルのスティーブ・ジョブズ(Steve Jobs)などの有名起業家が、それぞれの企業にとっていかに重要な人的資源をもたらしたかは言うまでもない。

　しかし、企業にとって価値があるのは起業家や経営幹部がもたらす人的資源だけではない。

　サウスウエスト航空(Southwest Airlines)などの企業では、社員1人ひとりが会社全体の成功に欠かせない役割を果たしている。イライラとした乗客をジョークを言ってなだめようとするゲート係員の意欲、乗客の手荷物を少しでも早く飛行機に積み込もうとする荷物係のてきぱきとした働きぶり、あるいは、燃料消費を節約する飛行ルートを選ぶパイロットの判断力。これらの人的資源はすべて、米国航空業界の厳しい競争を勝ち抜くためにサウスウエスト航空が活用してきたリソース基盤の一翼を担っている。[注5]

　個人の属性である人的資源に対し、組織的資源(organizational resources)とは集団の属性である。組織的資源には、企業の公式な指揮命令系統、公式・非公式を問わない経営企画・経営管理・調整システム、企業文化や世間的評判、企業内の集団同士の非公式な関係、企業と外部集団との非公式な関係などがある。

　サウスウエスト航空では、人的資源同士の関係が重要な組織的資源となっている。たとえば、定刻どおりに出発できるよう、同社のパイロットが飛行機への手荷物積載を手伝う姿はごく普通に見られる光景だ。サウスウエスト航空の従業員の協調性や熱意は、会社に対する非常に強い忠誠心のあらわれである。こうした忠誠心の結果、サウスウエスト航空は、従業員の組合加入率が80%を超えていながら、離職率が低く、労働生産性は高い。

◉リソース・ベースト・ビューの基本的前提

リソース・ベースト・ビューの根底にあるのは、企業の経営資源やケイパビリティに関わる2つの基本的前提である。

第1に、企業はたとえ同じ業界で活動していても、それぞれ異なる経営資源やケイパビリティを保有している。このような前提を、**経営資源の異質性**（resource heterogeneity）と言う。経営資源の異質性ゆえに、ある同じ事業活動を遂行する能力が他社よりも高い企業もあれば、相対的に低い企業もある。

たとえば製造技術においては、トヨタが恒常的にフィアット・クライスラー・オートモービルズ（Fiat Chrysler Automobiles）などの他企業を上回っている。プロダクトデザインでは、アップルが常にIBMなどを上回っている。バイク業界では、「大きく、不良っぽく、騒々しいバイクをつくるメーカー」というハーレーダビッドソン（Harley Davidson）のイメージは、競合との違いをきわだたせている。

第2に、ある経営資源やケイパビリティを持たない企業がそれを開発したり獲得したりするには大きなコストがかかる場合がある。それゆえに、経営資源やケイパビリティに関する企業間の違いは持続する傾向がある。このような前提を、**経営資源の移動困難性**（resource immobility）と言う。

たとえば、トヨタが現在フィアット・クライスラー・オートモービルズに対して有する製造技術における優位は、元をたどれば、当時は別々の会社だったフィアットとクライスラーそれぞれに対する優位として30年前から存在していた。アップルは1980年代の創業以来、常にプロダクトデザインにおいてIBMを上回ってきた。そしてハーレーダビッドソンのバイクには、何十年も前からいまと同じ独特な評判があった。このように企業間の違いが持続しているのは、トヨタ、アップル、ハーレーダビッドソンの競合が自社の劣位を自覚していないからではない。実際、IBMや数多くの日本産バイクメーカーなどはこうした劣位を克服するべく改善に取り組み、一定の成果をあげている。しかしこうした取り組みはあるものの、トヨタ、アップル、ハーレーダビッドソンなどは、依然として競合他社に対する優位を保つことができている。

以上2つの前提を合わせて考えれば、活動する業界が同じであっても、企業によってパフォーマンスが異なることの説明がつく。すなわち、もしある

企業が他社にない貴重な経営資源やケイパビリティを持ち、他社がそれを模倣するコストが高すぎると判断している場合、そのような有形・無形の資源を持った企業は、持続的競争優位を確保できる可能性がある。なお、リソース・ベースト・ビューのベースとなる経済学のロジックについては、コラム「より詳細な検討」で詳しく論じる。

より詳細な検討

リカード経済学とリソース・ベースト・ビュー

　リソース・ベースト・ビューは、デヴィッド・リカード（David Ricardo）が1817年に行ったある研究を理論的ルーツとしている。興味深いことに、リカードは企業の収益性を研究していたわけではなく、所有する農地の肥沃さがもたらす経済的影響を解明しようとしていたのである。

　生産要素としての土地は、他の多くの生産要素とは異なり、全体的な供給量が基本的に固定されており、市場における需要の増大や価格の上昇に応じて大きく供給を増やすことはできない。供給量が固定されており、価格上昇に呼応しないことから、このような生産要素は、**供給が非弾力的**（inelastic in supply）であると言う。生産要素の供給が非弾力的な状況では、より質の高い生産要素を持つ者が、競争優位を確保する可能性がある。

　「生産要素としての土地」に関するリカードの議論を、**図3.1**にまとめた。まず、麦の栽培に適している土地が何区画か存在したとする。これらの土地には、とても肥沃な土地（生産コストが低い土地）もあれば、あまり肥沃でない土地（生産コストが高い土地）もある。麦の市場価格が低い時、最も肥沃な土地を持った一部の農家しか利益を得られないことは明らかだ。麦の市場価格が低い時に儲かるのは、それだけ単位当たり生産コストが低い農家だからである。

　しかし、麦の市場価格が上昇すれば、これよりも土地の肥沃度が低い農家でも栽培するところが増えていく。この関係を示したのが図3.1パネルAの市場供給曲線である。価格（P）が上昇するにつれ、供給量（S）も増加しているのがわかる。この市場供給曲線上のある1点に達すると供給量が需要量と等しくなる。この位置が、需要と供給を考慮した麦の市場価格を決める。図

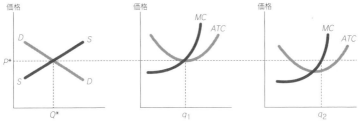

図3.1 | 肥沃度の高低による土地の経済性

A. 市場全体の需要・供給、
　　市場全体の生産量（Q^*）、
　　市場価格（P^*）

B. 土地の肥沃度が低い
　　農家のパフォーマンス
　　（平均総費用（ATC）が高い）

C. 土地の肥沃度が高い
　　農家のパフォーマンス
　　（平均総費用（ATC）が低い）

D＝需要曲線、S＝供給曲線、MC＝限界費用曲線、ATC＝平均総費用曲線、
Q＝市場全体の総生産量、q＝特定の農家の生産量

ではこの価格水準をP^*と表記した。

　ここで、2つの異なるタイプの農家が置かれている状況を考えてみる。リカードは、この2つの農家がいずれも古典的な経済学のロジックに従い、限界費用（MC）が限界収益（MR）と等しくなる水準（q）で生産すると仮定した。つまり、1ブッシェルの麦を生産するコストが、1ブッシェルを販売することから得られる収入と等しくなるような生産量である。$MR=MC$である生産量qにおいて、土地があまり肥沃でない農家（図3.1のパネルB）は、土地以外の資本を持っていないと仮定すると、平均総費用（ATC）と同じ水準の収入を得られる。

　それに対して、土地がとても肥沃な農家（図3.1のパネルC）は、平均総費用（ATC）が市場価格を下回るので、標準を上回る経済的利益を生み出せる。市場価格P^*においては、土地があまり肥沃でない農家はMCがATCと同等だが、土地がとても肥沃な農家はMCがATCを上回るからである。

　伝統的経済学の観点からは、とても肥沃な土地を持つ農家が利益を確保すれば、市場に参入する農家が増えるはずである。つまり土地を購入し、麦の栽培を始める農家が増えると予想される。しかしこの場合、市場価格P^*において最低でも標準的リターンを得られる土地は、既存の他の農家によってすべて生産に使われてしまっている。特に、肥沃度がとりわけ高い土地はまず手に入らない。そして、肥沃な土地は（仮定として）新たに生み出すことができない。土地の供給が非弾力的であるというのはまさにこのことである。

　こうして、より肥沃な土地を持ち、生産コストが低い農家は、あまり肥沃でない土地を持ち、生産コストが高い農家に対し、持続的競争優位を確保す

る。したがって、肥沃な土地を持った農家は、標準を上回る経済的利益を獲得できる。

　もちろん、持続的競争優位を獲得できると言っても、それを脅かす要因は少なくとも2つある。第1に、需要曲線が左下にシフトする場合が考えられる。この場合、土地の肥沃度が低い農家は生産の停止を余儀なくされ、土地の肥沃度が高い農家も利益が減少する。また、需要曲線のシフトがきわめて大きければ、土地の肥沃度が高い農家であっても利益が消滅してしまうかもしれない。

　第2に、土地の肥沃度が低い農家が、低コストで土地の肥沃度を高める手段を発見し、土地の肥沃度が高い農家が持つ競争優位を減殺する場合が考えられる。たとえば土地の肥沃度が低い農家は、低コストの肥料を使って土地の肥沃度を高められるかもしれない。このような低コストの肥料が存在すると、土地の供給は完全に非弾力的であっても、肥沃度の供給はそうではないことになる。土地の肥沃度を高める農家が増え続ければ、土地の肥沃度が高い農家は、当初は利益を獲得できたとしても、いずれはそうした利益を失うかもしれない。

　言うまでもなく、リソース・ベースト・ビューが注目したのは、供給が非弾力的な生産要素が土地以外にもあること、また、そうした経営資源を手に入れることが農家以外の企業にとってもプラスになることである。[注6]

◉──VRIOフレームワーク

到達目標 3.2
VRIOフレームワークがどのようなものであり、
リソース・ベースト・ビューとどう関係するのかを説明できるようになる。

　リソース・ベースト・ビューを活用すれば、企業が保有するさまざまな経営資源やケイパビリティを把握したり、それぞれが持つ競争上のポテンシャルを分析するツールを構築できる。そして、これらのツールを用いれば、企業の内部環境における強みや弱みを把握できる。内部環境分析を行う際の主要なツールが、VRIOフレームワークである。[注7]

　VRIOフレームワーク（**VRIO framework**）におけるVRIOの4文字は、それぞ

表3.1 | 経営資源をベースとする内部環境の強みと弱みの分析において検討すべき問い

1. 経済的価値に関する問い
その経営資源やケイパビリティによって、企業は外部環境における機会を活用し、なおかつ・または脅威を無力化できるか？

2. 希少性に関する問い
その経済的価値を有する経営資源やケイパビリティは、その業界においてごく少数の企業によってしか保有されていないか？

3. 模倣困難性に関する問い
その経営資源やケイパビリティを保有しない企業は、それを獲得または内部開発する際に、それをすでに保有する企業に対してコスト上劣位にあるか？

4. 組織に関する問い
その企業は、経済的価値を有し、希少で、模倣コストの高い経営資源やケイパビリティの活用を支える(戦略以外の)組織上の政策や体制を有しているか？

れ、ある経営資源やケイパビリティの競争上のポテンシャルを分析するうえで企業が検討すべき4つの「問い」の頭文字からきている。経済的価値(Value)に関する問い、希少性(Rarity)に関する問い、模倣困難性(Inimitability)に関する問い、組織(Organization)に関する問いである。**表3.1**にはこの4つの問いがまとめてある。

◉経済的価値(V)に関する問い

経済的価値に関する問い(question of value)とは、「その経営資源やケイパビリティによって、企業は外部環境における機会を活用し、なおかつ／または脅威を無力化できるか」である。ある企業の答えが「イエス」であれば、その経営資源やケイパビリティには価値があり、その企業の強みであると言える。ある企業の答えが「ノー」であれば、その経営資源やケイパビリティは弱みである。

したがって、経営資源やケイパビリティ自体に価値が内包されているのではない。経営資源やケイパビリティは、企業の競争上のポジションを向上させる限りにおいて価値を持つ。つまり、ある経営資源やケイパビリティがある市場では「強み」になりながら、他の市場では「弱み」であることもあり得る。

[価値ある経営資源と企業パフォーマンス]

ある企業の経営資源やケイパビリティが、実際に外部環境における機会の活用や脅威の無力化につながっているかを判断することは、必ずしも容易ではない。それを判断するには企業の事業運営に関する詳細な情報が必要だが、それを手に入れることが難しい場合もある。また、ある経営資源やケイパビリティが外部環境における脅威や機会に与える影響は、かなり時間を経ないと完全には表面化しない可能性もある。

ある経営資源やケイパビリティが機会や脅威に影響を与えているかを把握する1つの手段は、その経営資源やケイパビリティを用いたことによる売上げやコストへの影響を検証することである。一般的に、自社の経営資源やケイパビリティを用いて機会の活用や脅威の無力化を達成した企業は、それを達成していない時に比べ、売上げが増加したり、正味コストが低下したり、またはその両方を実現する。

言い換えれば、ある企業が自社の保有する経営資源やケイパビリティは、その企業がそれらを用いて機会を活用したり脅威を無力化したりし始めた時に、売上げの増加、コストの低下、またはその両方として、その価値を示現する。

[経済的価値（V）に関する問いを実際に適用してみる]

多くの企業は、経済的価値に関する問いに対して「イエス」と言えるような成果を残してきた。このことはつまり、多くの企業は機会の活用や脅威の無力化に利用可能な経営資源やケイパビリティを持っており、それを実際に使い、売上げの増加や正味コストの低下を実現していることを意味する。

たとえばソニーは創業以来、小型電子製品の設計、製造、販売において多くの経験を積んできた。ソニーはこうした経営資源やケイパビリティを利用し、ビデオゲーム、デジタルカメラ、コンピュータ・周辺機器、ハンドヘルドコンピュータ、家庭用AV機器、携帯音楽プレーヤー、カーオーディオなど、さまざまな分野において機会を活用してきた。

3Mは、サブストレート（substrates、化学分野での基体。接着基面のこと）、コーティング用素材、接着剤などにおける経営資源やケイパビリティ、ならびにリスクテイクや創造性を重んじる企業文化を利用し、メンディングテープ

やポスト・イットなどのオフィス用品において機会を活用してきた。このように、ソニーや3Mは、それぞれが保有する経営資源やケイパビリティ(特定分野における技術力、創造性を重んじる企業文化)によって、新たな機会に反応したり、場合によっては新たな機会を自ら生み出したりしてきた。[注8]

　他方、経済的価値に関する問いの答えが「ノー」と言わざるを得ないような企業もある。たとえば、2008年にはアービーズ(Arby's)が23.4億ドルでウェンディーズを買収し合併した。しかし、相乗効果によって両社のファストフード事業を改善するという狙いはかなわず、2011年にはその統合会社はアービーズを売却した。また、バンク・オブ・アメリカ(Bank of America)は、2008年に25億ドルで住宅ローン会社のカントリーワイド(Countrywide)を買収した。しかし、カントリーワイドは結局、同年発生した金融危機の渦中に巻き込まれ、バンク・オブ・アメリカは400億ドルの損失をこうむった。

　イーベイ(eBay)は、2005年に26億ドルでスカイプ(Skype)を買収したが、2009年には19億ドルで同社を売却し、たった4年で7億ドルもの企業価値を消滅させてしまった。さらに、次世代型のメディア企業に生まれ変わることを狙ったAOLは、2000年に1600億ドルでタイムワーナー(Time Warner)を買収した。しかし、タイムワーナーは2002年に、合併の際に生じたのれん資産のうち900億ドルを損失計上し、2009年になるとAOLとの合併を解消した。これらはすべて、企業が経営資源やケイパビリティの価値を高めて顕在化しようとしたものの、失敗に終わった例と言える。[注9]

[バリューチェーン分析による価値ある経営資源やケイパビリティの特定]

　ある企業の管理下にある経営資源やケイパビリティのうち、どれに価値があるかを知る1つの手段は、その企業のバリューチェーンを分析することである。**バリューチェーン**(value chain、付加価値連鎖)とは、製品やサービスを開発し、生産し、販売するために行う一連の事業活動である。バリューチェーン上の個々の段階で、企業が活動を展開する際に利用または組み合わせるべき経営資源やケイパビリティは異なる。

　また、バリューチェーン上のどの活動を選択して従事するかは、企業によって異なるため、各企業は異なる経営資源やケイパビリティを獲得することになる。これは、複数の企業がすべて同じ業界で活動していても起こり得る。

したがって、バリューチェーン上のどの活動を選択するかは、企業がとる戦略にも影響を与える。さらには、コラム「企業倫理と戦略」で述べるように、それは社会全般に影響を及ぼす可能性すらある。

企業倫理と戦略

外部性と利益最大化の社会的影響

　企業戦略の分野では、事業所有者の視点から競争優位の獲得・維持を議論する。ステークホルダーの視点（第1章のコラム「企業倫理と戦略」を参照）をとったとしても、最大の焦点となるのはやはり、企業がいかにして経済的パフォーマンスを向上し、所有者（株主）に対してより多くの利益を提供するかである。

　しかし、自社のパフォーマンスや所有者の利益のみに重点を置いて活動した場合、企業は知らず知らずのうちに社会や環境に対してより広範な影響を及ぼす可能性がある。経済学者はこのような影響のことを、「外部性」と呼ぶ。「企業がいかに自社のパフォーマンスを最大化させるか」という経済学や企業戦略のコアとなる問題の「外部」にあるからだ。この問題の「外部にある」というのはつまり、企業は通常、自社の利益最大化によって生み出された外部性のコストをすべては負担しないということである。

　外部性は、さまざまなかたちとしてあらわれる。最もわかりやすい例としては、公害や環境に関する外部性である。企業が自らのパフォーマンスを最大化する過程で環境を汚染するような行動をとれば、その環境汚染がもたらす影響は外部性である。たとえば、環境汚染によって人々の生活の質が下がったり、自然環境が破壊されたりする。しかし、その原因を生み出した企業は、こうした社会的コストのすべてを負担することはない。

　また、企業が人々の健康、すなわち公衆衛生に与える影響に関連した外部性もある。たとえば、たばこメーカーが利益の最大化を追求して、子どもにたばこを販売する場合、そのたばこメーカーは同時に公衆衛生上の外部性を生んでいる。子どものうちから喫煙習慣を身につけさせることは、たばこメーカー自身の収益性にとってはプラスかもしれないが、子どもにとっては肺がん、肺気腫、心臓病など、喫煙に関連する病気のリスクを高める行為であ

る。もちろん、一番の悪影響を受けるのは病気にかかった本人だが、それに伴う医療費の高騰は社会全体の不利益となる。

　言い換えれば、単純に利益最大化のみを狙って戦略の選択や実行を行うことは、企業やその所有者、ステークホルダーにとってはプラスになるかもしれないが、社会全体にとってはマイナスになる可能性がある。この外部性の問題を解消する方法は大きく2つある。

　第1に、外部性が生まれやすい場面では、政府自らが企業の行動を監視し、取り締まることである。第2に、政府が訴訟や規制などによって、外部性を生み出した企業に対してより多くのコストを負担させる方法である。このように外部性が「内部化」されれば、企業からすればマイナスの外部性を生み出さないようにすることが自らの利益にかなった行動となる。

　時には消費者がその行動を変え、負の外部性を生じさせる企業の製品やサービスを購入しなくなることにより、企業が生み出した外部性の内部化が促進されることもある。さらには消費者がもっと積極的になり、企業にどの戦略が問題なのかを知らしめるケースもある。たとえば、南アフリカが依然として人種隔離政策を実行していた時、多くの消費者が一致団結して南アフリカで操業している企業の製品やサービスをボイコットした。最終的に、この圧力は多くの企業の戦略を変えさせただけではなく、南アフリカの政策自体を変更させることに一役買った。より最近の例としては、消費者の圧力を受け、抗HIV薬がアフリカの途上国の人々にも届くよう方針を転換した製薬会社もある。

　ナイキも、やはりこうした消費者の圧力により、スニーカー工場で働く人々の賃金や労働環境の改善に取り組んだ。このように、市場においては、「社会的責任を果たしている企業」に対して一定の需要がある限り、社会的責任を全うし、負の外部性をあまり生み出さないことが企業の利益を最大化させる行動となる。

　例として石油業界を考えてみよう。**図3.2**は、原油をガソリンなどの消費財に変換するうえで実行しなければならないすべての事業活動を簡略化し、リストアップしたものである。それらの事業活動とは、原油の探査、原油の掘削、原油のくみ出し、原油の輸送、原油の購入、原油の精製、精製済み製品の流通業者への販売、精製済み製品の輸送、精製済み製品の最終顧客への販売である。

図3.2 | ガソリンやエンジンオイルなどの石油精製製品にまつわる事業活動の簡略化したバリューチェーン

これらのうち、石油業界のどの段階で活動するかの選択は、個々の企業によって異なる。したがって、同じ石油業界のなかにあっても、非常に異なる経営資源やケイパビリティを有する企業が存在する。たとえば、原油の探査には大きなコストがかかるので、潤沢な財務資源が必要である。それ以外にも、採掘地へのアクセス（物的資源）、膨大な科学的・技術的知識の適用（人的資源）、リスクテイクや原油探査への組織的なコミットメント（組織資源）が必要である。石油業界のこのステージで活動する企業が持つ経営資源やケイパビリティは、たとえば精製済み製品を最終顧客に向けて販売する企業のそれとは大きく異なるだろう。

　また、石油業界の小売段階での成功に必要なのは、まず販売拠点（店舗やガソリンスタンド）である。そして販売拠点を築くには大きなコストがかかるため、財務資源や物的資源が求められる。また、販売拠点を運営するには販売スタッフ（人的資源）が必要であり、広告などを通して製品を売り込むには創造性を重んじる姿勢（組織資源）が必要である。

　しかし、バリューチェーン上の同じ活動を行っている企業同士であっても、その活動へのアプローチは大きく異なることがあり、やはりそれに関連して築き上げる経営資源やケイパビリティが大きく異なってくることもある。た

図3.3 | マッキンゼー・アンド・カンパニーによって開発された一般的なバリューチェーン・モデル

技術開発	プロダクトデザイン	製造	マーケティング	流通	アフターサービス
源泉 洗練化 特許 製品／ 　プロセスの 　選択	機能 物理的特性 美的形状 品質	統合 原材料 生産能力 立地 調達 部品製造 組立	価格 広告／宣伝 販売力 パッケージ ブランド	チャネル 統合 在庫 完成品保管 輸送	保証 スピード 専属／独立 価格

とえば、ある2社がいずれも精製済み製品の最終顧客への販売を行っているとしよう。この場合、一方の企業が自社所有の小売チャネルのみで販売し、もう一方の企業は自社所有でないチャネルのみで販売することも考えられる。よってこの2社は、人的資源や組織資源が類似していても、財務資源や物的資源は大きく異なると考えられる。[注10]

　バリューチェーン分析を行えば、企業の経営資源やケイパビリティを分解してとらえることができる。たしかに、ある企業の経営資源やケイパビリティの全体的特徴を評価することも可能だが、通常は企業が取り組んでいる個々の事業活動が、財務資源、物的資源、人的資源、組織資源のそれぞれに対してどのように関わっているかを考えるほうが有益である。これを把握すれば、潜在的な競争優位の源泉がどこにあるかをより詳細に分析できる。

　このタイプの分析は、ある企業の財務的、物的、人的、組織的な経営資源やケイパビリティを把握する際に大変役立つことから、いくつかの一般的なバリューチェーン・モデルが開発されている。その1つは、コンサルティング会社のマッキンゼー・アンド・カンパニー（McKinsey and Company）によって開発されたものであり、図3.3に提示した。[注11]比較的シンプルなこのモデルによれば、企業による経済的価値の創出にはほとんどの場合、次の6つの活動が関わってくる。技術開発、プロダクトデザイン、製造、マーケティング、流通、アフターサービスである。企業は、このうちの1つまたは複数の組み合わせにおいて特別な能力を築き上げる可能性がある。

●希少性（R）に関する問い

　ある企業の経営資源やケイパビリティの経済的価値（V）を把握することは、

内部環境の強みや弱みを分析するうえで重要な第1ステップである。しかし、複数の競合が同じ経営資源やケイパビリティを持っていた場合、その経営資源が競争優位の源泉となる可能性は低い。したがって、価値はあるが広く普及している(よって希少性がない)経営資源やケイパビリティは、競争均衡しかもたらさない。

経営資源が競争優位をもたらすのは、他の多くの企業が同じ経営資源を持たない場合である。このような着眼点から生まれるのが、**希少性に関する問い**(question of rarity):「その経済的価値を有する経営資源やケイパビリティは、どれほどの数の競合がすでに同じものを保有しているか?」である。

例として、テレビのスポーツチャンネル間の競争を考えてみよう。すべての大手テレビ局や多くの地方局はスポーツ中継自体は行うが、それはあくまでクイズ番組、昼ドラ、ニュース番組、コメディドラマ、警察ドラマ、医療ドラマなど、多種多様な番組ラインナップの1つとして放送されるにすぎない。1998年まで、スポーツのみを放送するチャンネルは地上波、ケーブルテレビを問わず存在しなかった。

そこに誕生したのが、エンターテインメントとスポーツの専門チャンネルESPNである。ESPNは、もともとコネチカット州内のスポーツ試合を中継するチャンネルとして構想された。しかしその後、中継するスポーツの幅は広がり、NFLの試合や大学アメフトのプレーオフなど、世界で注目度の高いスポーツイベントの数々を放映するようになった。1998年から2000年代後半にかけては、ESPN(ならびにその提携チャンネル)が完全にスポーツだけに特化した唯一のチャンネルだった。そのユニークな編成方針が功を奏し、ESPNは強力なブランドを築き上げ、非常に価値の高いテレビ局となった。

そこで同社の買収に動いたのは、ABCも傘下に収めていたディズニーだった。その当時、ESPNのブランド力とスポーツに特化したユニークな編成方針には経済的価値(V)があり、希少(R)なものでもあったので、少なくとも一時的競争優位は実現できると考えられた。[注12]

しかし、状況は変わりつつある。第1に、ケーブルテレビや衛星放送では、1つのスポーツに特化した専門スポーツチャンネルがいくつも誕生している。MLBネットワーク(プロ野球)、NFLネットワーク(プロのアメフト)、ゴルフ・チャンネル、テニス・チャンネルなどである。より重要な展開としては、NBC、CBS、フォックスなどの大手テレビ局が、それぞれ24時間スポーツを放送す

る独自のチャンネルをはじめた。また、各チャンネルにはESPNの冠番組「スポーツ・センター」と直接競合する、その日起きたスポーツニュースを毎晩おさらいする番組もある。ESPNは依然として、スポーツ放送において最も有名なブランドであり(そのブランド力を生かし、ABCは自局でスポーツ中継を行う際、"ESPN on ABC"(ABCで観るESPN)というスローガンを採用している)、主要なスポーツイベントのほとんどの放映権を確保している。しかし、スポーツに特化しているということ自体の希少性に関しては、疑問を呈する見方も出てきた。^(注13)

　もちろん、企業が持つ経営資源やケイパビリティがすべて価値を有し、希少でなければならないわけではない。実際ほとんどの企業は、価値はあるものの希少性はそこまでない経営資源やケイパビリティによって、リソース基盤の大部分が構成されている。このような経営資源は、一時的にせよ持続的にせよ競争優位の源泉とはならないが、競争均衡を確保するうえでは不可欠である。そして業界内が競争均衡の状態である場合、どの企業も競争優位を獲得することはないが、各企業が事業存続の可能性を高めることはできる。

　たとえば、経営資源あるいはケイパビリティとしての電話システムを考えてみよう。電話システムは広く普及しており、事実上すべての企業が保有するので、希少性はなく競争優位の源泉とはならない。しかし、電話システムを持たない企業は競合に大きな競争優位を与えることになり、自社は競争劣位に陥る。

　価値ある経営資源やケイパビリティが、どの程度の希少性を持っていれば競争優位を生むのか、ということは状況による。既存の競合や潜在的な競合がまったく持っていないような価値ある経営資源やケイパビリティをある企業1社が持っていれば、それが競争優位を生じさせるのは明らかだ。

　ただし、価値を有する経営資源やケイパビリティを複数の企業が有していても、有しているのが少数の企業であれば、依然として競争優位を獲得できる可能性がある。一般に、価値を有する経営資源やケイパビリティを持っている企業の数が、その業界において完全競争の力学が作用するのに最低限必要な企業の数を下回れば、それは希少であると言え、潜在的な競争優位の源泉となる。

◉模倣困難性（I）に関する問い

　価値を有し希少な経営資源を持つ企業は、他の企業には生み出せないような戦略を構想したり実行したりできるので、多くの場合戦略上のイノベーターである。このような企業は、第2章で紹介した先行者優位を獲得できる可能性がある。

　しかし、価値を有し希少な経営資源が持続的競争優位の源泉となるのは、それを保有しない企業が同じ経営資源を確保したり開発したりするうえでコスト上劣位にある場合だけである。そのような経営資源は、**不完全に模倣可能**（imperfectly imitable）であると言う。このような着眼点から出てくるのが、**模倣困難性に関する問い**（question of inimitability）：「その経営資源やケイパビリティを保有しない企業は、それを確保または開発するにあたって、それを保有する企業に対してコスト上劣位か？」である。

　まず、まったく同じ5つの企業が存在する業界を想像してみよう。いずれの企業も同じ製品を、同じ原材料を使って、同じ物流チャネルを通して、同じ顧客に販売している。このような企業群が、標準的経済パフォーマンスをあげるのは明らかだろう。ここで、そのなかの1社が何らかの原因により、それまで認識されていなかった価値ある経営資源を発見または開発し、それを利用して外部環境の機会を活用したり脅威を無力化したりしたとする。当然その企業は、他の企業に対して競争優位を獲得する。

　競合する他の4社が、この企業が獲得した競争優位に対して見せる反応には、少なくとも2通り考えられる。第1に、この1社の成功をまったく意に介さず、それまでどおりに活動を続ける可能性がある。当然ながらこのような行動は、それらの競合を競争劣位に陥らせる。第2に、競合はこの1社がなぜ成功したのかを分析し、その経営資源を再現して似たような戦略を実行するかもしれない。もしも競合がそれら必要な経営資源を獲得または開発するにあたってまったくコスト劣位でなければ、この模倣アプローチは業界内で競争均衡を生じさせるだろう。

　しかし、理由については後で述べるが、成功している企業の競合が、価値ある経営資源を再現するにあたって重大なコスト劣位に置かれる場合もある。この場合は、革新的な最初の1社が、他社による戦略的模倣によっても失われない持続的競争優位を確保する可能性がある。つまり、模倣コストが高く、

希少で、価値を有する経営資源を持ち、それを戦略の選択や実行に活用した企業は、持続的競争優位を獲得する可能性がある[注15]。

先ほどの例に戻ると、各テレビ局はESPNの成功を見倣い、独自のスポーツチャンネルを始めている。ESPNの成功を支えてきた経営資源やケイパビリティの多くは、たとえば放送衛星へのアクセスなど、模倣可能であり、したがって持続的競争優位の源泉とはならない。それに対して、ESPNのブランドなどは他局にとってより模倣コストが高く、したがって持続的な競争優位の源泉になり得る。

[模倣の2形態：直接的複製と代替]

一般に模倣には、**直接的複製**（direct duplication）と**代替**（substitution）という2つの形態がある。まず、模倣を意図する企業は、競争優位を持つ企業の経営資源の直接的複製を試みる場合がある。

NBCによる24時間放送のスポーツチャンネルの立ち上げは、ESPNが保有する経営資源やケイパビリティの直接的複製を狙ったものと言える。直接的複製にかかるコストが十分に高ければ、そのような経営資源やケイパビリティを保有する企業は持続的競争優位を獲得できるかもしれない。反対に複製にかかるコストがそこまで高くなければ、競争優位は一時的なものにとどまると考えられる。

模倣しようとする企業は、競争優位を持つ企業の模倣コストの高い経営資源を、他の経営資源によって代替しようとする場合もある。MLBネットワーク、NFLネットワーク、ゴルフ・チャンネル、テニス・チャンネルなどの専門スポーツチャンネルは、多様なスポーツコンテンツを放映するESPNの代替となり得る。その意味で、専門スポーツチャンネルによる1つのスポーツに特化したコンテンツは、ESPNの幅広いスポーツコンテンツの代替となり得る。

代替となる経営資源が存在し、それを獲得するにあたって、模倣を意図する企業がコスト劣位にならない場合、模倣される企業の競争優位は一時的なものにとどまるだろう。しかし、代替となる経営資源が存在しない場合、あるいはそれを獲得するコストがもとの経営資源を獲得するコストを上回る場合、競争優位は持続する可能性がある。

表3.2｜模倣コストが高くなる要因

独自の歴史的条件
　ある企業が特定の経営資源を低いコストで手に入れられた要因が、その企業の置かれた時間的・空間的条件である場合、そのような経営資源を他社が模倣するコストは高くなる可能性がある。独自の歴史的条件を生み出す要因には、先行者優位と経路依存性がある。

因果関係不明性
　ある企業が特定の優位を持つ要因が競合にとって明らかでない場合、そのような優位は模倣コストが高くなる可能性がある。因果関係不明性をもたらす要因としては、競争優位の要因が当事者にとって「あって当たり前」の経営資源やケイパビリティで気づいていない場合、その企業の競争優位の要因について検証不能な仮説がある場合、および、その競争優位が複雑に絡み合った複数のケイパビリティに基づく場合である。

社会的複雑性
　ある企業が競争優位を獲得する際に用いている経営資源やケイパビリティが、人間関係、信頼、企業文化など、短期的には模倣コストの高い社会的関係をべ　スとした経営資源である場合。

特許
　製薬業界や特殊化学品の業界など、一部の業界においてのみ持続的競争優位の源泉となる。

［ 他社の経営資源やケイパビリティを模倣するコストが高くなる要因 ］

　企業が他社の経営資源やケイパビリティを模倣する際にコストが高くなる要因については、いくつかの研究が行われている。これらの研究は、模倣コストが高くなる要因として主に4つの点に注目している[注16]。それらの要因は**表3.2**にまとめ、以下で検討する。

独自の歴史的条件
　企業は特殊な歴史的条件を要因に、とりわけ低いコストで経営資源やケイパビリティを獲得・開発できる場合がある。ある経営資源を獲得、開発、利用できるかは、多くの場合その企業が置かれている時間的・空間的条件に依存する。その時ならではの時間的・空間的条件に基づく経営資源を獲得できなかった企業は、それを後から獲得したり開発したりする際、かなり大きなコスト劣位に置かれる。特定の歴史的条件をよみがえらせる必要があるからだ[注17]。

　ESPNが24時間のスポーツ放送に早い段階から専念したことは、特殊な歴史的条件の一例である。ESPNが成功するまで、24時間のスポーツ放送への需要があるとは誰も思っておらず、ESPNはこの市場で長期間活動する唯一

のテレビ局だった。しかしだからこそ、24時間のスポーツ放送を視聴者に魅力的なかたちで届けるためのケイパビリティや習慣を身につけることができた。こうして、他局にとって模倣コストの高いブランドを築き上げたのである。

独自の歴史的条件が企業に持続的競争優位をもたらす要因には、少なくとも2つある。1つ目は、ある企業が業界内の他のいかなる企業よりも早く機会を発見しそれを最初に活用した場合。この時、その企業は第2章で紹介した先行者優位を1つ以上享受できる。可能性としては業界内の他企業もその機会を活用できたはずだが、実際に活用したのがその1社だけだったことにより、他企業の模倣コストは高くなったのである。

歴史的条件が企業に影響を与える2つ目の要因は、**経路依存性**(path dependence)^(注18)である。あるプロセスが経路依存的であるということは、そのプロセスの初期段階で起きたことが、その後の展開に大きな影響を与えることを意味する。これを競争優位の進化プロセスに当てはめると、ある企業の現在における競争優位は、その企業が過去のある時点で獲得・開発した経営資源によるものだと考えられる。

ある経営資源の将来価値は、当初の段階では明らかでないことが多い。こうした不確実性により、企業は将来における最大価値から考えると比較的低いコストで経営資源を獲得・開発できる場合がある。しかし、その経営資源の最大価値がいったん明らかになると、同じ経営資源の獲得・開発を目指す企業は、現在認識されている最大価値を反映したコストを支払うことになる。したがって、(一般に)過去の時点でそれを獲得・開発した企業よりも、大きなコストを負担することになる。つまり、経営資源の最大価値が明らかになってからは、複製にしても代替にしても模倣コストは高くなる。

たとえば、ある企業が過去のある時点で、牧場を経営するために土地を購入したが、現在になってその土地に豊富な原油が埋蔵されていることが判明したとする。この場合、その土地の油田としての価値(高い)と、放牧地としての価値(低い)の差は、その企業にとって競争優位の源泉となる。また、現在においてその土地もしくはその周辺にある土地を購入しようとする企業は、油田地域としての最大価値(高い)を支払わなければならない。したがって、過去においてそれを放牧地として獲得した企業に比べてコスト面で劣位となる。

因果関係不明性

　他社の経営資源やケイパビリティを模倣するコストが高くなる2つ目の要因は、模倣しようとする企業が、他社の経営資源やケイパビリティと競争優位の関係を十分に把握できないことである。言い換えれば、他社の経営資源やケイパビリティと競争優位の間に、**因果関係不明性**（causal ambiguity）がある場合だ。

　一見、ある企業が何をもって競争優位を有するのかという因果関係が不明なケースは、あまり多くはなさそうである。企業のマネジャーは自らの競争優位の源泉を把握している、と考えるのが自然だ。その企業のマネジャーが自社の経営資源と競争優位の関係を把握しているのであれば、他社のマネジャーもそれを見出し、複製または代替すべき経営資源やケイパビリティをはっきりさせられるだろう。模倣しようとする企業がその他の要因からコスト面で劣位でなければ、模倣は競争均衡をもたらし、標準的な経済パフォーマンスにつながる。[注19]

　しかし実際には、ある企業のマネジャーが自社の経営資源やケイパビリティと競争優位の因果関係を完全には把握できていないこともある。これを完全に把握することを阻む要因には、少なくとも3つある。

　第1に、競争優位をもたらしている経営資源やケイパビリティが当事者にとって「あって当たり前」のものであり、日常業務にあまりにも自然に組み込まれているため、マネジャー自身がその存在を認識していない場合である。[注20]特に、経営陣のチームワーク、企業文化、一般従業員間の関係、顧客やサプライヤーとの関係などの組織的経営資源やケイパビリティは、マネジャーにとって空気のような存在かもしれない。[注21]企業の経営幹部が自らのケイパビリティと競争優位の因果関係を把握していない場合、他社の経営幹部がどの経営資源を模倣すればよいかを知ることはかなり困難である。

　第2に、マネジャーは自社に競争優位をもたらしている経営資源やケイパビリティについていくつかの仮説を持っているかもしれないが、これらの経営資源やケイパビリティのうち、実際にどれが単独で、またはどれとどれの組み合わせが、競争優位をもたらしているのかを知るすべがない可能性もある。たとえば、成功しているベンチャー企業の創業者に成功の要因は何かと尋ねたら、「勤勉さ、リスクを恐れない姿勢、有能な幹部チーム」などといくつかの仮説を立てるだろう。しかし、失敗したベンチャー企業の創業者に何

がいけなかったのかと尋ねても、自分たちの会社は「勤勉さ、リスクを恐れない姿勢、有能な幹部チーム」がなかったわけでは決してないと主張するだろう。したがって、「勤勉さ、リスクを恐れない姿勢、有能な幹部チーム」は、ベンチャー企業にとって重要な経営資源やケイパビリティではあっても、おそらく成功を導く唯一の要因ではないと考えられる。厳密な調査を行わない限り、どの経営資源が競争優位と因果関係を持ち、どれが持たないかを知ることは困難だ。

最後に、いくつかの特定の経営資源やケイパビリティではなく、その企業が持つ文字どおり何千もの属性が一体となって、競争優位を生み出している場合がある。競争優位をもたらす経営資源やケイパビリティが、さまざまな個人、グループ、技術からなる複雑なネットワークを形成する場合、それを模倣するコストは高くなる。

また、ある企業の競争優位の源泉が、多くの人々、拠点、プロセスにわたって広く分散している場合、その源泉を模倣するコストは高くなる。このような経営資源の最も典型的な例は、知識そのものだろう。自社の製品、プロセス、顧客などに関する貴重な知識が社内で広く共有されている場合、競合がそれを模倣することは困難であり、持続的競争優位の源泉となる可能性がある。^(注22)

社会的複雑性

他社の経営資源やケイパビリティを模倣するコストが高くなる3つ目の要因は、企業の経営資源やケイパビリティが、体系的な管理や操作が不可能な、複雑な社会現象に基づいている場合である。ある企業の競争優位が複雑な社会現象に基づく場合、他社がその企業の経営資源やケイパビリティを模倣することは、直接的複製か代替かを問わず至難の業である。複雑な社会現象を人為的に生じさせようとすると、それが企業内で長い時間をかけて自然発生的に醸成された場合に比べ、桁違いにコストが高くなる。^(注23)

社会的複雑性(socially complexity)のある経営資源やケイパビリティには、さまざまなものが考えられる。たとえば、マネジャー同士の人間関係、企業文化、サプライヤーや顧客からの評判などである。^(注24)ここで注意してもらいたいのは、社会的に複雑な経営資源が、なぜ企業にとって価値があるのかということ自体は特定可能なことである。したがって、社会的に複雑な経営資源

やケイパビリティと競争優位の間に因果関係不明性は存在しない。

しかし、ある種の企業文化や、管理層における質の高い人間関係が企業活動の効率や効果を高めるという認識があったとしても、それを他の企業が体系的に再現したり、代替する経営資源を見つけられるとは限らない。少なくとも現状においては、そうしたソーシャル・エンジニアリング(社会工学的な操作)を行うことは、ほとんどの企業の能力を超えている。あるいは、少なくとも、ソーシャル・エンジニアリングを行うコストは、社会的に複雑な経営資源が企業内で自然に醸成された場合に比べ、かなり高くなる。^(注25)

興味深いことに、模倣しようとする企業は、その対象が物理的に複雑な技術の場合、社会的に複雑な現象を模倣する場合ほど、コスト劣位には陥らない。物理的技術(工作機械、ロボットなど)の多くは、サプライヤー市場において調達できる。特定の企業が独自技術を開発したとしても、通常はリバースエンジニアリングによって低コストの模倣技術が競合の間で広く普及する。実際、新たな技術を開発するよりも、優れた技術を模倣したほうがコストを低く抑えられる場合が多い。^(注26)

しかし、物理的技術を模倣するコストは通常それほど高くないとしても、それを実用化するためには社会的複雑性を持つさまざまな組織的資源やケイパビリティを活用しなければならないことが多い。このような組織的資源はおそらく模倣コストが高く、同時に価値を有し、希少なものであり、それを物理的経営資源と組み合わせることによって持続的競争優位を獲得できる可能性がある。社会的に複雑な経営資源やケイパビリティが、企業のパフォーマンスにとってどれほど重要かは、戦略的人的資源管理(SHRM)の分野で詳しく研究されている。戦略的人的資源管理については、コラム「関連する学術研究」で解説している。

特許

一見すると、企業の特許は他社がその製品を模倣するコストをかなり高めるように思える。^(注27)実際、特許がこのように作用する業界もある。たとえば、製薬業界や特殊化学品業界における特許は、少なくとも期限が切れるまでは他社による同様製品の商品化を事実上阻止する。第2章で示したとおり、これ以外にも特許が模倣コストを高める業界は数々ある。

しかし別の観点から見れば、特許は模倣コストを増大させるどころか、減

少させる可能性もある。企業は特許を申請する際、自社の製品について多くの情報を公開しなければならない。政府は、その情報を用いて製品が特許要件を満たしているかどうかを審査する。したがって、企業は特許を取得すると、製品の模倣方法に関する重要な情報を競合に手渡してしまう可能性がある。

さらに業界内での技術の進歩は、それが特許を取得していても比較的短期間で業界全体に拡散する傾向にある。特許を取得した技術であっても低コストでの模倣は免れないからだ。したがって特許は、直接的複製を一定期間抑制するかもしれないが、機能的に同等な技術による代替の可能性をかえって高める場合がある。^(注28)

関連する学術研究

戦略的人的資源管理(SHRM)の研究

リソース・ベースト・ビューに関する実証研究の多くは、ある企業の競争優位を獲得・維持する能力が、歴史的条件、因果関係不明性、社会的複雑性などの条件により、どのような影響を受けるかを検証したものである。なかでも特に重要な研究は、社会的に複雑な経営資源やケイパビリティの確保につながる人的資源管理手法が、企業パフォーマンスに与える影響を検証したものである。この研究分野は、**戦略的人的資源管理(SHRM:Strategic Human Resource Management)**と呼ばれる。

この分野の最初の研究は、世界の自動車業界を対象とした、低コストかつ効率的な製造に関する研究の一環として行われた。この検証では、マサチューセッツ工科大学の研究グループが、中型セダン車の組み立てを行う世界70カ所の製造工場のコストと品質を評価すべく、厳密な指標を開発した。その結果、調査当時において低コストと高品質を両立できていた(すなわち、自動車業界において競争優位を確保していた)のは、70カ所中たった6つの工場だと判明した。

続いて、この6つの工場が持つ、サンプル内の他の工場に対する特徴を調査し始めたところ、まず目についたのは6つの工場が最先端かつ最新式の生

産設備を備えていることだった。しかし、この点は生産のコストと品質が相対的に劣る他の多くの工場にも共通していることがわかった。

　実は、この6つの工場が優れたレベルで生産のコストと品質を実現していた理由は、生産設備そのものではなく、人的資源管理手法だった。6つの工場は、いずれも参加型の意思決定、品質管理サークル、チームワーク重視型の製造など、一連の共通する管理手法を取り入れていた。これらの手法は、工場への忠誠心があり、やる気の高い作業員を生む効果があった。そのような作業員を持っていることも、この6つの工場に共通する特徴だった。また、工場長が自分たちに対して真っ当なふるまいをするだろうという作業員からの信頼もあった。こうした社会的に複雑な経営資源やケイパビリティは、まさにリソース・ベースト・ビューが持続的競争優位につながると示唆するような経営資源である。

　その後、この研究と同様のアプローチをとって、製造業以外の業界において、人的資源管理手法が企業パフォーマンスに与える影響を検証した研究が行われた。これらの研究では、さまざまな企業パフォーマンス指標や人的資源管理指標が用いられたが、いずれの研究も、やはりリソース・ベースト・ビューと整合的な結果を示した。つまり、社会的に複雑な人的資源や組織資源を生み出すような人的資源管理手法を取り入れている企業は、そのような管理手法を取り入れていない企業に対して競争優位を獲得するのである。[注29]

●組織（O）に関する問い

　企業が競争優位を獲得するポテンシャルは、経営資源やケイパビリティの経済的価値、希少性、模倣困難性によって左右される。しかし、そのポテンシャルが完全に発揮されるためには、経済資源やケイパビリティを生かせるような組織体制を築く必要がある。そこで生じるのが、**組織に関する問い**（question of organization）：「その企業は、自社の経営資源やケイパビリティが持つ競争上のポテンシャルを100％生かしきれるような組織体制を築いているか？」である。

　組織に関する問いには、企業の組織体制を構成するさまざまな要素が関わってくる。たとえば、公式の指揮命令系統、公式・非公式を問わない経営管理システム、報酬政策などである。

公式の指揮命令系統(formal reporting structure)とは、組織内の誰が誰に報告すればよいかを明らかにしたものであり、通常は組織図(organizational chart)のかたちをとる。**経営管理システム**(management control systems)とは、マネジャーが企業の戦略に沿った行動をとることを保証する、公式に定まっているか否かを問わないさまざまなメカニズムである。**公式の経営管理システム**(formal management controls)は、予算策定や成果報告など、組織の上層部が下層部のとっている行動を把握するための活動である。**非公式の経営管理システム**(informal management controls)とは、企業文化や進んで互いの行動を評価し合う従業員などによる実質的な管理機能である。**報酬政策**(compensation policies)は、従業員に給料を支払う際の方針である。この方針は、特定の行動をとるインセンティブを従業員に与える。

　組織体制を構成する上記の諸要素は、単体ではほとんど競争優位を生み出さないため、**補完的経営資源やケイパビリティ**(complementary resources and capabilities)と呼ぶことが多い。しかし、単体では競争優位を生み出さないとしても、他の経営資源やケイパビリティと組み合わせれば、企業が競争上のポテンシャルを完全に発揮する可能性を高める。^(注30)

　たとえば、すでに述べたとおり、ESPNはスポーツ番組放送において長年にわたって競争優位を維持してきたと思われる。しかし、ESPNが競争上のポテンシャルを完全に発揮できたのは、ESPNの幹部が与えられた機会を積極的に生かし、スポーツ中継を拡大したり、最も注目度の高いスポーツイベントの放映権を確保したり、斬新でエキサイティングな競技大会を創設したり(例：エクストリームスポーツ競技を放映する「エックスゲームズ」)したおかげである。もちろん、ESPNがこのような成果をあげてこられたのは、適切な組織構造、管理システム、報酬政策を備えていたからである。ESPNの組織体制を構成するこれらの要素は、それぞれ単体ではESPNに競争優位をもたらさないが、ESPNが競争上のポテンシャルを完全に発揮するうえでは重要な役割を果たしてきた。

　このように、ESPNは、適切な組織体制を築くことにより、他の経営資源やケイパビリティが持つ競争上のポテンシャルを完全に発揮できた。一方、かつてソニーは、自社が保有する価値を有し、希少で、模倣コストの高い経営資源やケイパビリティを、不適切な組織体制が原因となって生かしきれなかった。

先に（P.129）、ソニーが幅広い消費者向け電子製品の設計・開発において特異な経験を積んできた点に触れた。巨大な小型エレクトロニクス企業になっていく過程で、ソニーの幹部はコンシューマーエレクトロニクス事業とレコード事業を築き上げ、2つの大規模事業を確立した。

　コンシューマーエレクトロニクス事業で開発された数多くの製品のなかには、初期のMP3プレーヤー（ハードディスクから音楽やその他のデジタルメディアを再生する携帯端末）がある。MP3技術のカギは、ハードディスクの容量をひっ迫させずにアナログ信号を保存できるデータ圧縮技術である。データ圧縮を用いなければ、MP3プレーヤーにはせいぜい数曲しか保存できないが、データ圧縮を用いれば保存容量が数千曲分に増える。当時ソニーは、データ圧縮技術において業界をリードしていた。

　もちろん、MP3プレーヤーが価値を持つのは再生するコンテンツがあってのことである。だとすれば、ソニーのレコード部門は、本来ならばコンシューマーエレクトロニクス事業にとって大いに役立ったはずだ。ソニーレコード（ソニー・ミュージックレコーズ）は、多くの有名アーティストとレコード契約を結んでいたからである。そして、コンシューマーエレクトロニクス事業には、そうしたアーティストの音楽を再生できるMP3プレーヤー（ならびにデータ圧縮技術）があった。

　ではなぜ、iPod、iTunes、iPhone、iPadなどを擁するアップルが、現在携帯音楽プレーヤー市場を支配しているのだろうか。アップルの条件はけっして有利ではなかったはずだ。MP3プレーヤー市場への参入は遅かったし（無論、ようやく参入した時にはきわめてインターフェースが洗練されたMP3プレーヤーを開発したが）、保有するコンテンツはなく、オンラインでの存在感はあまり高くなかった。

　アップルが成功した1つの要因は、ソニーが失敗したことである。ソニーはMP3プレーヤー市場を支配するポテンシャルを持っており、過去にも似たような市場を支配した経験を持っていながら（例：ポータブルカセットプレーヤーのウォークマン）、コンシューマーエレクトロニクス部門と音楽部門との間で協力関係を築くことに失敗したのだ。言い換えれば、ソニーの失敗は、組織運営の失敗である。コンシューマーエレクトロニクス事業の技術者が、音楽事業のアーティストと力を合わせる方法を見出せなかったのである。

　もちろん、ソニーの組織上の失敗がもたらした機会をアップルが生かすう

えでは、アップル側でもさまざまな努力を要した。しかし依然として、ソニーがそのポテンシャルにもかかわらず、MP3プレーヤー市場という魅力的な市場において競争優位をまったく獲得・維持できなかったことは注目に値する。^(注31)

⊙——VRIOフレームワークの適用

到達目標 3.3
VRIOフレームワークを適用し、企業の経営資源やケイパビリティ（能力）が、競争優位にどう影響するのかを分析できるようになる。

　経済的価値(V)、希少性(R)、模倣困難性(I)、組織(O)のそれぞれに関する問いを1つのフレームワークにまとめ上げれば、ある経営資源またはケイパビリティを利用して得られる企業の利益ポテンシャルを把握できる。これを行ったのが**表3.3**である。**表3.4**には、VRIOフレームワークと強みや弱みの関係を示した。

　企業は、経済的価値のない経営資源やケイパビリティを用いて戦略を選択・実行しても、外部環境に存在する機会を活用したり脅威を無力化することはできない。そのような経営資源を活用するための組織体制を築き上げていっ

表3.3 | VRIOフレームワーク
経営資源やケイパビリティの特性

経済的価値(V)	希少性(R)	模倣困難性(I)	適切な組織体制(O)	想定される競争優位
No	—	—	—	競争劣位
Yes	No	—	Yes／No	競争均衡（OがYesの時）
Yes	Yes	No	Yes／No	一時的競争優位（〃）
Yes	Yes	Yes	Yes／No	持続的競争優位（〃）

表3.4 | VRIOフレームワークと強み・弱みの関係
経営資源やケイパビリティの特性

経済的価値(V)	希少性(R)	模倣困難性(I)	適切な組織体制(O)	強みか弱みか
No	—	—	—	弱み
Yes	No	—	Yes／No	強み（OがYesの時）
Yes	Yes	No	Yes／No	強み・企業固有能力（〃）
Yes	Yes	Yes	Yes／No	強み・持続的企業固有能力（〃）

ても、コストは増大し、売上げは減少するばかりである。

　したがって、経済的価値のない経営資源は、企業にとって弱みである。この場合、企業としては、弱みの克服に取り組むか、戦略を選択・実行する際に弱みを避けることしか選択肢がない。実際に弱みと言えるような経営資源やケイパビリティを用いた場合、企業はそのような経済的価値のない経営資源を保有しない企業や、経済的価値のない経営資源を戦略の立案や実行に用いない企業に対し、競争劣位となる。

　ある経営資源やケイパビリティに経済的価値はあるものの希少性がない場合、それを戦略の立案・実行に用いることは競争均衡をもたらす。このような経営資源は一般的に競争優位はもたらさないとしても、それを活用しないと競争劣位に陥る可能性がある。その意味で、価値を有しているが、希少でない経営資源も、組織の強みと言ってよい。

　次に、ある経営資源やケイパビリティに経済的価値や希少性はあるものの、模倣コストが高くない場合、その経営資源を活用することは、一時的競争優位をもたらす。このような経営資源を活用した企業は、結果的に大半の企業よりも先にその経営資源を活用することになるので、重要なメリットとして先行者優位を獲得する。しかしこの場合も、競合がいったん先行企業の競争優位を認識すれば、同じような戦略の実行に必要な経営資源を、直接的複製または代替を通して、先行企業に対してコスト劣位に置かれることなく獲得・開発できる。先行企業を模倣し、先行企業に対抗するために必要な経営資源を確保する企業が増えていくと、先行者が当初獲得した競争優位は徐々に失われていく。以上を考慮すると、このような経営資源やケイパビリティは少なくとも強みであり、一時的にせよ**企業固有能力**（distinctive competence）だと言える。

　最後に、ある経営資源やケイパビリティが、価値を有し、希少であり、模倣コストが高い場合、それを活用することは持続的競争優位をもたらす。企業がこのようなかたちで競争優位を獲得した場合、その企業の経営資源やケイパビリティを模倣しようとする競合は、大きなコスト上の劣位をこうむる。先ほども述べたとおり、この場合の競争優位は次のような要因によって実現している可能性がある。その企業独自の歴史的条件、模倣すべき経営資源に関する因果関係不明性、経営資源やケイパビリティの社会的複雑性、あるいはその企業が保有する特許、である。いずれにせよ、このような経営資源を

活用する企業に対し、競合が模倣によって対抗しようとしても、その競合は競争優位はもちろん競争均衡も確保できない。仮に模倣に成功し、同じような経営資源やケイパビリティを獲得・開発できたとしても膨大なコストがかかり、結果的に競争劣位に陥る。このような経営資源やケイパビリティは強みであり、**持続的企業固有能力**（sustainable distinctive competencies）と言える。

　VRIOフレームワークにおける組織（O）に関する問いは、以上の（V・R・Iに関する）分析を行ったうえで、その結果を修正する要因として働く。たとえばある企業が、価値を有し、希少で、模倣コストの高い経営資源やケイパビリティを持っていながら、その経営資源を生かしきるような組織体制を築かなかった場合、競争優位へのポテンシャルが部分的に失われてしまうかもしれない（かつてのソニーの場合などがそうである）。あるいは、その企業の組織体制が非常に好ましくない場合、競争優位を獲得するポテンシャルを持っていながら、競争均衡または競争劣位に陥る可能性すらある（表3.3、3.4の適切な組織体制（O）の項を参照）。

◉VRIOフレームワークをサウスウエスト航空に適用してみる

　現実の戦略状況を分析するために、VRIOフレームワークを実際に用いて、サウスウエスト航空が置かれている競争ポジションを検討してみよう。サウスウエスト航空は、米国航空業界において過去30年にわたって常に黒字を維持してきた唯一の航空会社である。他の航空会社の多くが破産を繰り返すなか、サウスウエスト航空だけは収益性を保つことができた。このような強固な競争優位を確保できたのは、なぜなのか。

　サウスウエスト航空の競争優位の源泉として考えられるものには、大きく2つある。同社の事業運営上の選択、および人的資源管理に対するアプローチである。

　事業運営の面では、運航する旅客機の機種を1つにしぼり（ボーイング737）、小規模な空港へのフライトのみを運航し、複雑なハブ＆スポーク・システムを避けてポイント・ツー・ポイント（点から点）システムを採用している。人的資源管理の面では、組合加入率が高い一方、従業員の会社へのコミットメントや忠誠心が高い組織を築くことができた。つまり、サウスウエスト航空

の従業員は、決められた職務をはるかに超える業務を日々こなしており、安全かつ定刻どおりにフライトを出発させるためであれば、あらゆるかたちで力を貸し合う。それでは、サウスウエスト航空の事業運営上の選択と人的資源管理へのアプローチとでは、どちらのほうが持続的競争優位の源泉になる可能性が高いと言えるだろうか。

[サウスウエスト航空の事業運営上の選択と競争優位]

　まず、サウスウエスト航空の事業運営上の選択を検証してみよう。第1に、サウスウエスト航空の事業運営上の選択は、コストを下げたり顧客の支払い意欲を高めたりするだろうか。つまり、経済的価値を持つだろうか。この問いに関しては、同社の事業運営上の選択の大部分はコスト低下につながっていると言える。たとえば、運航する航空機の機種を1つにしぼるということは、整備スタッフを訓練するコストを下げ、補修用部品の在庫を減らし、補修作業にかける時間を減らすことにつながる。フライトの行き先を小規模な空港に限定することにより、大規模な空港へのフライトにかかる相対的に高い着陸料を節約できる。ポイント・ツー・ポイントの路線システムは、規模の大きいハブ＆スポーク・システムよりも低いコストで築くことができる。したがって、これらの事業運営上の選択は、全体的に見て経済的価値を持つ。

　第2に、これらの事業運営上の選択は、希少であると言えるだろうか。この問いに関しては、サウスウエスト航空の事業運営上の選択は、創業以来長らく希少性を持ってきたと言える。既存の大手航空会社や小規模な新規参入者が似たような事業運営上の選択を行うようになったのは、ごく最近のことである。

　第3に、これら事業運営上の選択は、模倣コストが高いと言えるだろうか。この問いに関しては、既存の航空会社のいくつかは、サウスウエスト航空の事業運営上の選択を大部分取り入れた子会社を設置している。たとえば、コンチネンタル航空（Continental Airlines、訳注：2012年にユナイテッド航空と統合され消滅）はコンチネンタル・ライト部門を、ユナイテッド航空はテッド部門を、デルタ航空はソング部門をそれぞれ立ち上げた。これらの事業部門はいずれも運航する機種を1つにしぼったり、小規模な空港へのフライトのみを運航したり、ポイント・ツー・ポイントの路線構造を導入したりしている（訳

注：これらの部門はその後、事業を停止している）。

　これら既存大手に加え、米国国内外における航空業界への新規参入者がサウスウエスト航空に類似した事業運営を採用している。米国国内の新規参入者には、エアトラン航空（AirTran Airlines、近年においてサウスウエスト航空により買収された）、アリジアント・エア（Allegiant Airlines）、ジェットブルー航空（JetBlue）、スカイバス航空（Skybus Airlines、訳注：その後、破産）、スピリット航空（Spirit Airlines）、ヴァージン・アメリカ（Virgine American Airlines、訳注：2018年アラスカ航空と統合）などがある。

　したがって、サウスウエスト航空の事業運営上の選択には、経済的価値があり、少なくとも従来においては希少性を持ってきたが、模倣コストはあまり高くないようだ。このことは、これらの事業運営上の選択が、模倣コストが高くなるような属性をほとんど持たないことを考慮すれば驚くべきことではない。つまり、サウスウエスト航空の事業運営上の選択は独自の歴史的条件から生まれたものではないし、経路依存性も、因果関係不明性も、社会的複雑性もない。

　最後に、サウスウエスト航空は、事業運営上の選択を生かしきれるような組織を築いているだろうか。この点、多くの研究者はサウスウエスト航空の組織構造、経営管理システム、報酬政策は、いずれも事業運営上の選択と一貫性を持っていると評価している。

　まとめると、サウスウエスト航空の事業運営上の選択は、経済的価値を持ち、少なくとも最近までは希少性を持ってきたが、模倣コストは高くないと評価できる。したがって、機会を生かしきれるような組織体制を築けているものの、同社にとっては一時的競争優位の源泉にとどまるといえる。

◉サウスウエスト航空の人的資源管理と競争優位

　サウスウエスト航空の人的資源管理へのアプローチに対しても、同じようなVRIO分析を行うことができる。まず、同社の人的資源管理へのアプローチは、経済的価値を持つと言えるだろうか。つまり、コストを下げたり顧客の支払い意欲を高める効果を持つか。

　従業員の会社へのコミットメントや忠誠心は、サウスウエスト航空が労働生産性において、米国国内の大多数の航空会社を上回る要因の1つである。こ

うした労働生産性の高さは、さまざまなかたちとしてあらわれる。たとえば、平均折り返し時間（機体が空港に到着してからふたたび離陸するまでの時間）では、米国国内の航空会社が平均45分であるのに対し、サウスウエスト航空は18分である。サウスウエスト航空の従業員は、荷物を積んだり降ろしたり、給油したり、機内食や飲み物を用意したりする能力が、明らかに他の航空会社を上回っている。よって、サウスウエスト航空は競合に比べ、飛行機が地上で過ごす時間がより短く、空を飛んでいる時間がより長い。当然ながら、飛行機は空を飛んでいない限りお金を生み出さない。こうしたシンプルな理屈によって、サウスウエスト航空は何億ドル規模のコスト節減を実現している。

それでは、こうした忠誠心やチームワークは、米国航空業界において希少性を持ってきたと言えるだろうか。この点、米国航空業界は過去15年間にわたって労使の対立が絶えない。多くの航空会社は、人員削減や賃下げなど、従業員との関係悪化を招くような措置をとらざるを得ない状況に置かれてきた。したがって総合的に見て、サウスウエスト航空が従業員との間で維持してきた良好な関係は、他の大手航空会社と比較して希少であったと言える。

こうした労使関係は、模倣コストが高いと言えるだろうか。この点、航空会社と従業員の関係は、まさに模倣コストが高くなる条件の多くを満たしている。つまり、長期にわたって築き上げたものであり、経路依存性、因果関係不明性、社会的複雑性を有している。ただでさえ従業員との軋轢が生じがちな大手航空会社にとって、サウスウエスト航空のような労使関係を築くことはけっして容易ではない。

したがって、サウスウエスト航空の人的資源管理へのアプローチは、他の大手航空会社に比較して、経済的価値、希少性、模倣コストがいずれも高いと言える。これを生かすうえで適切な組織体制が築けていると想定すると（実際、そうであると思われる）、サウスウエスト航空は少なくとも既存の大手航空会社に対しては、持続的競争優位を持つと考えられる。

一方、米国航空業界への新規参入者はやや状況が異なる。これらの航空会社は、労使間の軋轢があるとは限らない。いずれも新しい会社なので、最初からより信頼の強い労使関係が築けているかもしれない。したがって、サウスウエスト航空の人的資源管理へのアプローチは、新規参入者に対しては、経済的価値や希少性は高くても模倣コストが高いとは言えないかもしれない。したがって、ここでもサウスウエスト航空が適切な組織体制を築けていると

仮定すると、同社の人的資源管理に関するケイパビリティは、米国航空業界への新規参入者に対しては、一時的な競争優位の源泉にとどまるかもしれない。

◉──模倣と業界内の競争力学

到達目標 3.4
リソース・ベースト・ビューから派生する次のような論点について
議論できるようになる。

a. 企業の価値ある経営資源やケイパビリティを把握するうえで、
バリューチェーン分析はどのように活用できるか。

b. 模倣コストが高い傾向にある経営資源やケイパビリティとは
どのようなものか。

c. 企業は自社の経営資源を活用するにあたって、
組織構造、公式・非公式な管理システム、報酬政策をどのように用いるか。

　ある業界の企業が自社の経営資源やケイパビリティを分析した結果、価値を有し、希少で、模倣コストの高いいくつかの経営資源やケイパビリティを発見したとしよう。そして、それらに基づいて戦略を選択し、適切な組織構造、公式・非公式な経営管理システム、報酬政策などを備えたうえでその戦略を実行したとする。

　リソース・ベースト・ビューによれば、このような企業は、外部環境の脅威の分析(第2章を参照)に基づいてかなり魅力の低い業界にいることが示されたとしても、競争優位を獲得する可能性がある。魅力の低い業界にあっても競争優位を実現している企業には、サウスウエスト航空、ニューコア、ウォルマートなど、数々の例がある。

　ある企業が競争優位の状況にあるとして、業界内の他企業はどのように反応すべきだろうか。ある企業が行った戦略的選択を受け、業界内の他企業がいかなる判断を行うかは、その業界における**競争力学**(competitive dynamics)の属性を決する。一般に、競争優位を確保した企業に対し、業界内の他企業がとる行動は次の3つのうちどれかである。

まず、ほとんど反応しないという選択肢がある。たとえば、ウォルマートがウォルマート・スーパーセンターを創設し、スーパーセンター市場（ディスカウントストアと食品スーパー一体型の店舗）に参入した際、一部の競合（セーフウェイ（Safeway）など）はまったく意に介さず、それまでどおりに事業を続けた。次に他の競合（クローガー（Kroger）など）は戦術の一部を切り替え、総菜や高級食品の販売を増やした。最後に、戦略を根本的に切り替えた企業もあった（例：ターゲット（Target）は独自のスーパーセンターをつくるようになった）。以下、それぞれを検討しよう。

◉他社の競争優位に何も反応しない

企業が他社の競争優位に何も反応しない理由は、少なくとも3つある。

第1に、その企業自らが競争優位を持っている場合である。競争優位を持つ企業が他社の競争優位に対抗しようとすると、その過程で自らの競争優位の源泉を消滅させてしまうか、少なくとも損なってしまう可能性がある。

たとえば、デジタル時計の登場によって、手ごろながらも精度の高い時計が多くの消費者の手に入るようになった。カシオなどの企業は、優れた小型化技術や電子技術によってデジタル時計市場における競争優位を確立している。実際、時計に対する全体的需要が低下しているなか、カシオの時計市場におけるシェアや業績は上がり続けている。

では、最高級の機械式時計を製造するロレックス（Rolex）は、カシオに対してどのような対応をすべきだろうか。ロレックスが見せた答えは、「まったく対応しない」である。ロレックスが興味を引くのは、カシオとはまったく異なる市場セグメントである。ロレックスが少しでも戦略を切り替えれば（それが、手巻きの機械式設計をやめ、技術的に優れているデジタル設計を導入した場合であっても）、同社がニッチ市場において築いてきた競争優位はたちまち損なわれてしまうだろう。[注32]一般に、競争優位の源泉を自ら確保している企業は、他の企業がコントロールしている競争優位の源泉に対抗しようとはしない。

第2に、企業が必要な経営資源やケイパビリティを持っておらず、他社の競争優位にそもそも対抗できない場合がある。一般に自社の経営資源やケイパビリティが不十分または不適切な企業は（それが、物的、財務的、人的、組織的な経営資源であるかを問わず）、直接的複製によっても代替によっても高いパ

フォーマンスをあげている他社の経営資源を模倣することはできない。

アメリカン航空とサウスウエスト航空は、そのようなケースである可能性が高い。つまり、アメリカン航空がサウスウエスト航空の持つ経営上の資源やケイパビリティを見倣おうとしないのは、単純にそれを模倣する能力が不足しているからかもしれない。もし、それが実情であれば、アメリカン航空は、持続的競争劣位に陥っている可能性が高い。^(注33)

第3に、企業は業界内の競合度を下げるため、他社の競争優位にあえて直接対抗しない場合がある。実際に競合度を下げる効果があり、かつその行動において他社と直接やりとりしたり交渉することを必要としない場合、そのような行動を暗黙的共謀(tacit collusion)と言う。この戦略については、第7章(中巻)で詳しく述べる。

◉他社の競争優位に対抗し戦術を切り替える

戦術(tactics)とは、企業が自らの戦略を実行するためにとる具体的行動である。戦術の例としては、大きさ、形状、色、値段などの製品特性に関する意思決定、広告活動への具体的アプローチ、方法、具体的販売・マーケティング手法などである。一般的に企業は戦略を切り替えることはあまりないが、戦術を切り替えることは比較的多い。^(注34)

競合関係にある2つの企業が、同じような戦略を追求しているにもかかわらず、ある時点でいずれか一方が競争優位を有しているとしよう。それは、その企業のとっている戦術によるものである可能性が高い。このような状況では、競合が競争優位を持つ企業に倣って戦術を切り替え、相手の競争優位を減殺させようとすることが頻繁に起こる。このようなかたちで戦術を切り替えることは、一般に競争均衡しかもたらさないが、競合にとっては競争劣位に置かれるよりはましである。

このような戦術上のかけ引きが典型的に見られる業界はいくつかある。たとえば日用品業界では、ある企業がレモンの芳香剤を加えることで他社の優位に対抗して洗濯用洗剤の売上げを伸ばした場合、他の企業もこぞってレモンの芳香剤を加えるだろう。ペプシに対抗し、コカ・コーラが糖質・糖類50%のコーラを発売したら、ペプシもすぐさま糖質・糖類カット商品を発売するのは目に見えている。また、デルタ航空が運賃を引き下げたら、アメ

リカン航空とユナイテッド航空も必ず追随するだろう。容易に想像できるとおり、当初は価値があり希少だと思うがゆえに行われたこれらの戦術切り替え（芳香剤の添加や糖質カット、値下げなど）だが、上記のように模倣コストが高いことはほぼない。よってたいていは、一時的競争優位しかもたらさない。

　場合によっては、競争劣位に置かれている企業が、単に他社の戦術をまねるのではなく、まったく新しい戦術を生み出すことによって競争優位にある企業を飛び越えることもある。P&Gは自社の洗濯用洗剤ブランド「タイド」の濃縮タイプを発売した際、まさにこのような戦術をとった。このタイプの洗剤を製造するにあたっては、製造やパッケージング設備を一新する必要があった。業界内の既存の生産ラインでは、濃縮洗剤が入る従来よりも小さな箱に洗剤を注入できなかったのである。したがって、タイドの競合にとって、「濃縮された洗剤をつくる」という戦術をまねることは、業界内の他の戦術をまねることに比べて多くの時間を要した。しかし、やはり数週間もたてばP&G以外の企業も続々と濃縮タイプの洗濯用洗剤を発売するようになった（この場合は一時的競争優位に終わった）。

　さらに、新たな製品や戦術を生み出すスキルが高まれば、そうした革新力が持続的競争優位の源泉になる場合もある。たとえば、全盛期のソニーなどがそうである。当時のソニーが、高品質な小型エレクトロニクスの企画、設計、製造を可能にする何らかの特別な経営・革新能力を持っていたことは誰もが認める。しかし、ソニーが新たな小型商品を発売すると、ソニーの競合は必ずと言っていいほどリバースエンジニアリングによってすぐにその商品を模倣し、ソニーの技術優位を減殺した。それでは、このようにソニー製品の多くが直接的複製を通じて模倣されていたのであれば、小型化技術に関連した同社の社会的に複雑な経営資源やケイパビリティは、いかにして持続的競争優位の源泉となり得たのだろうか。

　ソニーは新製品を発売するたび、その新製品が持つユニークな特性によって急速に利益を拡大させた。しかしこうした利益は、他社がその製品をリバースエンジニアリングし、模倣バージョンを発売する誘因となった。よってライバル製品が登場するたびに、ソニーが新製品から得られる利益は減少した。このように、ソニーは個々の製品レベルでは一時的競争優位しか確保できていなかったと考えられる。

　しかし、ソニーが長年にわたってリリースしてきた数々の新製品の総リター

ンを見れば、ソニーの持続的競争優位の源泉が明らかになる。つまり、ソニーは小型化技術における経営資源やケイパビリティを活用し、常に斬新でエキサイティングなエレクトロニクス製品を継続的にリリースした。どの製品も単体では持続的競争優位を生み出さなかったものの、こうした新製品のリリースを長年にわたって繰り返したことにより、ソニーは自らの優れた経営資源やケイパビリティを持続的競争優位につなげることができたのである。^(注35)

●他社の競争優位に対抗して戦略を切り替える

　最後に、企業は他社が競争優位を獲得したことを受け、戦略そのものを転換する場合がある。もちろん、これはそう頻繁には起きない。起きるとしたら、他社の戦略によって自社の競争優位が完全に奪い取られた場合である。その場合、企業は従来の戦略を維持すれば、その戦略をたとえ非常に効果的に実行していたとしても、競争均衡すら獲得できない。

　消費者の嗜好、人口動態、規制環境の変化などは、いずれも戦略の価値を消滅させる要因である。しかし、戦略の価値に最も頻繁にインパクトを及ぼすのは技術変革である。たとえば、どれほどつくりの良い機械式計算機であっても、電卓には勝てない。かつては非常に効率的な通信手段だった電報も、電話と比べれば絶対的に劣る。そして、どれほどそろばんをはじくのが速くても、売上げを管理したりお釣りを計算したりするには電子レジスターのほうが便利である。

　企業は戦略を転換する際、第1章で紹介した戦略経営プロセスを一からやり直す必要がある。しかし、実際には従来の戦略を捨てきれない企業も多い。多くの企業にとって戦略は、自社の事業や、自社がどのような会社であるかの根幹をなす。戦略を転換することは多くの場合、そうしたアイデンティティや存在目的の転換も伴う。このような変革は容易ではない。したがって、多くの企業は壊滅的な業績に陥り、他になすすべがないような状況にいたらない限り、戦略を転換しようとしない。このような状況に陥った企業は、戦略の転換という大仕事を、厳しい財務状況のなかで行うという二重苦にさらされる。

　事実上すべての戦略は、遅かれ早かれ競争優位を生み出さなくなる時がくる。一般に、企業としては戦略の価値が完全に失われるのを待つことなく、早

めに戦略の転換を行うことが得策である。そうすれば、計画的に新戦略へ移行でき、従来の経営資源やケイパビリティを保持しながら、今後競争していくうえで必要な経営資源やケイパビリティを開発したり確保していける。

●──リソース・ベースト・ビューのより発展的な示唆

リソース・ベースト・ビューやVRIOフレームワークを適用すれば、個別企業が競争優位を獲得できるかどうか、その競争優位がどれほど持続するのか、競争優位の源泉は何か、などを把握できる。したがって、リソース・ベースト・ビューやVRIOフレームワークは、第2章で紹介した脅威や機会の分析を補完する重要な視点である。

しかし、自社の競争優位を目指すマネジャーにとって、リソース・ベースト・ビューは個別企業の競争パフォーマンスを超えた、より広い次元での示唆を持つ。**表3.5**には、こうしたリソース・ベースト・ビューの示唆するところをいくつかリストアップした。以下、これらについて検討する。

表3.5 | リソース・ベースト・ビューが示唆すること

1. **企業の競争優位の獲得の責務は誰に帰属するか**
   競争優位獲得はすべての従業員の責務である。

2. **競争均衡と競争優位**
   競合と同じような戦略しか追求しない企業は、よくて競争均衡しか獲得できない。競争優位を獲得するためには、競合の保有する、価値を有し希少な経営資源を模倣するよりも、自社が保有する、価値を有し、希少で、模倣コストの高い経営資源を活用したほうがよい。

3. **実行困難な戦略**
   戦略実行のコストが戦略実行の価値を下回る場合、競争優位の獲得には絶対的な戦略実行のコストよりも相対的な戦略実行のコストのほうが重要である。
   企業は構造的に自社の特異性を実際よりも高く見積もったり、低く見積もったりする。

4. **社会的に複雑な経営資源**
   従業員のエンパワーメント、企業文化、チームワークは価値があるだけでなく、持続的競争優位の源泉にもなり得る。

5. **組織の役割**
   企業は、価値を有し、希少で、模倣コストの高い経営資源の利用を促進するような組織体制を築くべきである。
   組織の属性と組織体制に齟齬が生じた場合は、組織体制のほうを変革すべきである。

◉企業における競争優位獲得の責務は誰にあるのか

　まず、リソース・ベースト・ビューに基づけば、企業は自社の複数の経営資源やケイパビリティのなかから競争優位の源泉を見出せる可能性がある。それらの経営資源やケイパビリティは、必ずしもすべて経営幹部の直接の管理下にあるとは限らない。したがって、価値を有し、希少で、模倣コストの高い(すなわち持続的競争優位をもたらす)経営資源やケイパビリティの創出・確立・活用は、経営幹部のみの責務ではなく、従業員1人ひとりの責務である。したがって、従業員は自分の仕事が何かを定義する際、社内で与えられた役割の観点だけからではなく、競争や経済パフォーマンスの観点からも自らの仕事を考える必要がある。

　たとえば、次のシンプルな事例を考えてみてほしい。最近、非常に大きな成功を収めてきたある自動車製造工場で視察が行われた。視察者が工場長に「あなたの職責は何ですか」と尋ねたところ、彼はこう答えた。「会社が世界一の自動車を製造、販売できるよう、この工場を管理することです」。工場長の隣にいた生産ラインの責任者に同じ質問をしたところ、「会社が世界一の自動車を製造、販売できるよう、この生産ラインを管理することです」と答えた。最後に視察者は工場内でたまたま目にしたある1人の清掃員にも同じ質問をした。「あなたの職責は何ですか」。その清掃員は上記の2人のインタビュー現場に居合わせたわけではないにもかかわらず、次のように答えたという。「会社が世界一の自動車を製造、販売できるよう、この施設をきれいに保つことです」。

　この3人の従業員のうち、会社にとって持続的競争優位をもたらす可能性が最も高いのは誰だろう。たしかに、工場長と生産ラインの責任者は、「会社として世界一の自動車を製造、販売するために自分に求められることは何か」という見地から自分の仕事をとらえてしかるべきだ。しかし、世界中どこの製造工場のマネジャーも彼らと同じように答えるだろう。言い換えれば、この2人のマネジャーが「会社として世界一の自動車を製造、販売するうえでの自分の役割」という観点から自分の仕事をとらえていることには、経済的価値はあるが希少性はない。したがって、よくて競争均衡しかもたらさず、競争優位をもたらす可能性は低い。

　しかし、清掃員が「会社として世界一の自動車を製造、販売するうえでの

自分の役割」という観点から自分の仕事をとらえており、単に言われたとおりに施設を清潔に保つこととはとらえていないということは、多くの人から見てきわめて珍しいことだろう。そこに希少性があるということは、このような仕事のとらえ方が少なくとも一時的競争優位の源泉になる可能性があることを意味する。[注36]

　たしかに、1人の清掃員が競争上の観点から自分の仕事をとらえていることがもたらす経済的価値はそれほど大きくないかもしれない。だが、この工場で働くすべての従業員が同じような考え方を持っていたとしたらどうだろうか。そうなった途端、生み出される価値はかなりの規模になる。さらに、そのような仕事のとらえ方を生む企業文化や慣習は、他の企業にとっては模倣コストが大きいはずだ。

　したがって、このような職責のとらえ方が、ある工場内で広く共有されている場合、それは価値があり、希少で、模倣コストの高い経営資源である。それを十分に生かせるような組織体制が築かれていれば、このような特異な経営資源は、持続的競争優位の源泉になる。

　要するに競争優位は、経営幹部だけで管理するにはあまりにも貴重なものである。ある企業において、十分に多くの従業員に、価値があり、希少で、模倣コストの高い経営資源やケイパビリティを、職務を遂行する過程で開発・活用する権限が与えられていれば、その企業は持続的競争優位を獲得する可能性がある。

●競争均衡と競争優位

　第2に、リソース・ベースト・ビューは、「競合と同じ方法でしか価値を生まない企業は、よくて競争均衡しか確保できない」ということを示唆する。企業が競争均衡を上回るパフォーマンスをあげるためには、経済的価値があるだけでなく、希少性を持つ活動に取り組む必要がある。したがって、他社が実行していないのはもちろんのこと、他社が思いつきもしないかたちで経済的価値を生み出すことが求められる。

　競争劣位に置かれている企業ならばなおさらである。もちろん、そのような企業にとっては、より成功度の高い競合を分析し、成功をもたらしている要因を特定し、そのなかでとりわけ模倣コストの低い行動を模倣する、とい

うことも必要である。その意味では、競合のパフォーマンスに対してベンチマーキングすることも重要である。

　しかしこれだけでは、企業は競争均衡しか確保できない。企業が競争優位を獲得するには、自社独自の経営資源やケイパビリティを発掘し、それを自社独自の方法で戦略の選択や実行に活用する必要がある。競争優位を目指す企業にとっては、他社の経営資源やケイパビリティを模倣する能力よりも、自社独自の経営資源やケイパビリティを開発・活用する能力のほうが重要なのである。

　ただし、だからといって、先行者でなければ競争優位を獲得できないというわけではない。場合によっては、「2番手」として高い効率性を発揮するための、価値があり、希少で、模倣コストの高い経営資源やケイパビリティを自ら身につける企業もある。つまり、他社の革新的製品や技術を素早く模倣し、改良していく能力がきわめて高い企業だ。

　したがって、リソース・ベースト・ビューが示すのは、企業が常に先行者でなければならないということではなく、企業が競争優位を獲得するためには、価値があり、希少で、模倣コストの高い経営資源やケイパビリティに基づいて戦略を実行しなければならないということである。この条件を満たしてさえいれば、経営資源や戦略の内容自体は何であってもよいのだ。

◉実行が困難な戦略

　第3に、企業は実行すべき戦略を選ぶ際、その戦略がどれほど実行困難で、どれほどのコストがかかるかを基準に判断することが多い。しかし、リソース・ベースト・ビューによれば、戦略を実行するコストが戦略によってもたらされる価値を下回る限り、企業が判断基準にすべきは、「その戦略を容易に実行できるか」ではなく、「その戦略を競合と比べてより容易に実行できるか」である。

　一般に、ある戦略の実行に必要な、価値があり、希少で、模倣コストの高い経営資源を最初から保有している企業は、必要な経営資源を開発してから戦略の実行に取りかからねばならない企業よりも、容易に(つまりより低コストで)戦略を実行できる。必要な経営資源を最初から備えている企業は、無理せず迅速に戦略を実行できる。

ある戦略の実行にかかる自社の相対的コスト（対競合）を推定するにあたって、企業は2通りのミスを犯す場合がある。

　第1に、自社が保有する経営資源の特異性を過大評価してしまう場合がある。一般に、企業ごとにたどってきた歴史やマネジャー層のあり方に何らかの独自性があっても不思議ではないが、それらの独自性ゆえに自社が希少な経営資源やケイパビリティを身につけているとは限らない。というのも、（多少の違いはあれ）結局似たような業界において似たような歴史をたどってきた企業は、似たようなケイパビリティを身につけることが多いからだ。企業が自社の保有する経営資源やケイパビリティの希少性を過大評価していると、自社の競争優位を獲得する能力も過大に評価してしまう可能性がある。

　たとえば、自社にとって最も重要な競争優位の源泉は何かと尋ねられたら、多くの企業は「優秀な幹部層、優れた技術、あらゆる活動における卓越性へのコミットメント」などを挙げるだろう。しかし、競合はどうなのかと念を押されたら、それらの企業は、たしかに他社にも「優秀な幹部層、優れた技術、あらゆる活動における卓越性へのコミットメントがある」と認めるだろう。したがって、これら3つの要素は競争均衡の源泉であるとしても、競争優位の源泉とはならない。

　第2に、企業が自社の特異性を過小評価することで、結果的に自社がとっている戦略の持続的競争優位をもたらすポテンシャルをも過小評価してしまう場合がある。企業は、価値を有し、希少で、模倣コストの高い経営資源を保有している場合、戦略の実行を比較的容易に行える。この場合、その企業が「自社が容易に実行できたのなら、他社もすぐに模倣するだろう」と考えるのも無理はない。しかし、その企業の保有する経営資源が実際に希少で模倣コストの高いものであれば、当然ながら他社がすぐにその戦略を模倣することはできない。

　一般に企業は、自社の特異性を過大評価することも過小評価することもないよう十分注意する必要がある。なぜなら、自社が保有する経営資源の経済的価値、希少性、模倣困難性を正確に評価することは、戦略の実行にかかる相対的コストを正確に把握するために必要不可欠であり、したがって、その戦略が競争優位をもたらすか否かを判断するうえで欠かせないからだ。

　多くの場合、企業は自社が保有する経営資源の希少性や模倣困難性を評価する際に、外部からの助力を必要とする。なぜならば、自社の経営資源につ

いては社内のマネジャー層のほうがはるかに熟知しているのが一般的だが、外部アドバイザーはその企業の特異性を評価するための、より客観的な評価基準を提供してくれるからである。

◉社会的複雑性を帯びた経営資源

　ここ数十年にわたり、従業員のエンパワーメント、組織文化、チームワークなどが企業パフォーマンスにとっていかに重要かということが多くの書物で強調されてきた。こうした著作はほとんどの場合、次の点で見解が一致している。従業員をエンパワーし、従業員の力を引き出す文化を持ち、チームワークを重視する企業は、そのような組織属性を持たない企業よりも優れた戦略を選択し、その戦略をより効率的に実行できる傾向にある。これをリソース・ベースト・ビューの言葉で言い換えると、「従業員のエンパワーメント、組織文化、チームワークは、少なくとも一定の条件下では経済的価値を持つ」ということである。^(注37)

　こうした組織属性が価値を持ち得ることは、リソース・ベースト・ビューも認めるところである。しかし、リソース・ベースト・ビューでは、こうした社会的複雑性を帯びる経営資源やケイパビリティには、希少性や模倣コストの高さもあることを示唆する。そして、希少性や模倣コストの高さこそが、そうした経営資源やケイパビリティを持続的競争優位の源泉にするのである。

　言い換えれば、リソース・ベースト・ビューは、社会的に複雑な組織属性に対する従来の理解を拡張する。つまり、こうした組織属性は、経済的価値を持つだけでなく、希少性や模倣コストの高さを持つ場合もあり、したがって持続的競争優位の源泉になり得るということだ。

◉組織の役割

　最後に、リソース・ベースト・ビューによれば、企業は、価値を有し、希少で、模倣コストの高い経営資源やケイパビリティを生かしきることを可能にし、生かしきる努力を支えるような組織構造、管理システム、報酬政策を備えるべきである。通常こうした組織属性は、それ自体で持続的競争優位をもたらすものではない。

したがって、企業の保有する経営資源と組織体制が対立した場合、変更すべきは組織体制のほうである。しかし、組織構造、管理システム、報酬政策は一度導入されると、ベースとなる経営資源やケイパビリティと整合性を持っていなくても維持される傾向にある。この場合、企業は自社の資源基盤が持つ競争ポテンシャルを完全には発揮できない。企業の経営資源やケイパビリティが常に変化しているのであれば、組織構造、管理システム、報酬政策もそれに合わせて変革していかなければならない。これらを変革する際に経営幹部層は、それらが自社の経営資源やケイパビリティとどう結びついており、代替的な組織体制にはどのようなものがあるかを十分に認識する必要がある。

本章の要約 Summary

　リソース・ベースト・ビューは、「企業の保有する経営資源やケイパビリティがその企業のパフォーマンスを左右する」ということを示唆する経済学上の理論である。経営資源とは、企業が戦略の立案や実行に用いる有形・無形の資源である。ケイパビリティは経営資源の一種であり、他の経営資源の有効活用を可能にする資源である。経営資源やケイパビリティは、財務的資源、物的資源、人的資源、組織的資源に分類される。

　リソース・ベースト・ビューの根底には、経営資源やケイパビリティに関する2つの基本的前提がある。経営資源の異質性(競合する個別企業は異質な経営資源やケイパビリティを保有するという前提)、および経営資源の移動困難性(経営資源の異質性は持続する傾向にあるという前提)である。この2つの前提に基づいて考えれば、企業が経営資源を活用し、競争優位を獲得する条件が何であるかを明らかにすることができる。

　リソース・ベースト・ビューを用いれば、企業の内部環境における強みや弱みを分析するためのツールを構築できる。このツールはVRIOフレームワークと呼ばれ、企業が保有する経営資源やケイパビリティの競争上のポテンシャル(潜在能力)を評価するべく、4つの問いを立てる。その4つの問いとは、経済的価値に関する問い、希少性に関する問い、模倣困難性に関する問い、組織に関する問いである。

　経済的価値のある経営資源やケイパビリティとは、企業が外部環境におい

て機会を活用したり脅威を無力化したりするのに利用可能な経営資源やケイパビリティである。価値ある経営資源やケイパビリティは企業にとって強みであり、価値のない経営資源やケイパビリティは弱みである。企業は価値ある経営資源やケイパビリティを利用して外部環境における機会の活用や脅威の無力化を行えば、純収入を増大させたり正味コストを減少させたりすることができる。

　ある企業がどのような価値ある経営資源やケイパビリティを保有しているかを特定する1つの方法は、バリューチェーンを分析することである。バリューチェーンとは、製品やサービスを開発・生産・販売するうえで企業が行う一連の事業活動である。バリューチェーン上の各段階によって必要な経営資源やケイパビリティは異なり、企業によってバリューチェーン上のどの活動を行うかの選択は異なる。結果として、同じ業界でも企業によって保有する経営資源やケイパビリティが大きく異なる場合がある。一般的なバリューチェーン・モデルは、マッキンゼー・アンド・カンパニーによって開発された。

　経済的価値はあるが、広く普及している(したがって希少性のない)経営資源やケイパビリティは、競争均衡をもたらす。このような経営資源やケイパビリティに対して十分に投資しなかった場合、企業は競争劣位に陥る可能性がある。一方、価値を有し、かつ希少な経営資源やケイパビリティは、少なくとも一時的競争優位をもたらす可能性がある。ある経営資源やケイパビリティを保有し、それを利用して少なくとも一時的競争優位を獲得できる企業の数は、その業界において完全競争の力学を生み出すのに必要な企業の数よりも少ない。

　経済的価値と希少性があり、模倣コストの高い経営資源やケイパビリティは、持続的競争優位の源泉となり得る。模倣は、直接的複製または代替によって起こり得る。ある企業が保有する経営資源やケイパビリティの模倣コストが高くなる要因には4つある。独自の歴史的条件、因果関係不明性、社会的複雑性、そして特許である。

　企業は、自社の経営資源やケイパビリティが持つポテンシャルを完全に発揮させるためには、適切な組織体制を築く必要がある。企業の組織体制には、公式の指揮命令系統、公式・非公式の管理システム、報酬政策などの構成要素がある。これらの経営資源は、それぞれ単体で競争優位をもたらす可能性は低いため、補完的経営資源と呼ばれる。

このようにVRIOフレームワークは、企業が保有する経営資源やケイパビリティから想定される競争優位の属性（競争劣位か、競争均衡か、一時的な競争優位か、持続的競争優位か）を明らかにする。また、それぞれの経営資源・ケイパビリティがどの程度の強みになるか、あるいは弱みになるかを明らかにする。

　持続的競争優位を獲得した企業に対して他の企業が取り得る行動は、何も対応しない、戦術を切り替える、戦略を転換するの3つである。企業がこの状況において何も対応しない理由には、少なくとも3つある。第1に、対応措置をとることが自社の持続的競争優位の源泉を損なう場合である。第2に、対応するための経営資源を保有していない場合である。第3に、業界内で暗黙的共謀を生み出すか、暗黙的共謀を維持することを意図している場合である。

　リソース・ベースト・ビューには、より広い次元での経営上の示唆もある。たとえば、リソース・ベースト・ビューの論理に基づけば、競争優位はすべての社員の責務である。また、リソース・ベースト・ビューは、企業が競合と同じ活動を行っただけでは競争均衡しか確保できないことを示す。そして競争優位を獲得するうえでは、価値を有し、希少で、模倣コストの高い経営資源やケイパビリティを活用することのほうが、競合他社の価値ある希少な経営資源を模倣することよりも効果的である。

　リソース・ベースト・ビューは他にも次のようなことを示唆する。戦略の実行にかかるコストが戦略を実行して得られる価値を下回る限り、競争上より重要なのは、その戦略を実行する絶対的なコスト額ではなく、競合との相対的コスト差である。そして、企業は全体として自社の特異性を過大評価したり、過小評価したりすることがあるので注意が必要だ。

　また、リソース・ベースト・ビューの論理によれば、社員のエンパワーメント、組織文化、チームワークなどといった経営資源やケイパビリティは、経済的価値があるだけでなく、持続的競争優位の源泉となり得る。さらにある企業の、価値を有し、希少で、模倣コストの高い経営資源とその企業の組織体制が齟齬をきたした場合、組織体制のほうを変えるべきである。

3.1 戦略立案に対する次の2つのアプローチのうち、どちらのほうが経済的利益につながる可能性が高いか。(a)外部環境における機会や脅威を分析し、そうした機会を活用したり脅威を無力化するための経営資源やケイパビリティを確保する。(b)内部環境における経営資源やケイパビリティを分析し、それをどの業界で生かせるかを模索する。

3.2 経営資源の移動困難性はリソース・ベースト・ビューにおける重要な前提であり、したがってVRIOツールの重要な前提でもある。しかし近年においては、これまで何十年も競争優位を維持してきた企業が新規競合にシェアを奪われるケースが増えてきた。「経営資源は移動困難性を持つ」という前提は妥当性を失いつつあるのか。また、このような競争優位の質的変化を、リソース・ベースト・ビューやVRIOツールによって説明することは可能か。

3.3 ある製薬会社にとって、最近リリースして大ヒットを記録した医薬品と、高いパフォーマンスと革新のカルチャーを生み出してきた人的資源管理方法とでは、どちらのほうが持続的競争優位を保つうえで重要か。

3.4 バリューチェーン分析は、自社の強みや潜在的な競争優位の源泉を把握するうえでどのように役立つか。

3.5 最近、事業開発部のマネジャーの下にある若い部下が配属された。その部下は大学をトップの成績で卒業したばかりで、自信に満ちあふれている。彼は上司にこう訴えた。「わが社のケイパビリティを考慮すれば、市場リーダーを模倣して製品を導入すれば素早く市場シェアを確保できるだろう」。それに対して、より経験豊富なマネジャーはこう指摘した。「リーダー企業を模倣することは成功の見込みが低くやるべきでない。なぜなら君が提案した模倣戦略は、リーダー企業が頂点に立つためにたどってきた道筋とまったく異なるからだ。わが社はまったく別の市場で勝負するのが得策だ」。このマネジャーが示唆した「独自の歴史的条件」について考えを述べよ。

3.6 企業が新たな経営資源やケイパビリティを獲得・開発するために国際戦略をとっていることを示す指標をいくつか挙げよ。

3.7 マネジャーは自らの組織がとるべき戦略の立案を行うが、それとともにその戦略の延長上にあるさまざまな戦術にも取り組む。しかし外部環境は必ずと言って

いいほど変化するものであり、それに合わせて計画を変更する必要もある。より頻繁に変更される傾向にあるのは戦略と戦術のうちどちらか。それはなぜか。

演習問題 Problem Set

3.8 次のそれぞれのケースにVRIOフレームワークを適用せよ。以下のケースにおいてそれぞれの企業がとった行動は、競争劣位、競争均衡、一時的競争優位、持続的競争優位のうちどれをもたらすと考えられるか。あなたの解答とその背景を説明せよ。

(a) 日本の自動車メーカーであるスズキは、現地法人がトップの市場シェアを確保しているインドにおいて10万台の自動車をリコールした。

(b) 企業向けのリソース管理ソフトウエア市場における大手であるSAPは、派遣人材を確保・管理するためのシステムプロバイダーであるフィールドグラスの買収を発表した。

(c) 米国において5本の指に入る銀行であり、3000の支店を持つU.S.バンコープ（U.S. Bancorp）は、10の支店を持つ地域のライバル、バンクイースト（BankEast）の買収を発表した。

(d) 建設機械メーカーであるキャタピラー（Caterpillar）は、自社が製造する機械の排気システムに搭載する新しいマフラーについて特許を取得した。

(e) 製薬会社のグラクソ・スミスクライン（GlaxoSmithKline）は、大ヒットのポテンシャルがあるアルツハイマー患者向けの新薬について特許を取得した。

(f) パソコンメーカーのレノボは、F1チームのスポンサーになることを計画している。

(g) モービルは（Mobil）は、ニュージーランド国内のガソリンスタンドにおいて一律にガソリン価格を5セント下げることを発表した。

(h) アクセンチュア（Accenture）は、顧客が各々のプロジェクトにおいて必要とするコンサルティング資源を適宜開発・提供できるよう、新たな人事情報管理・育成システムを展開した。

(i) デロイト（Deloitte）は、パートナーだけでなく、社内すべてのコンサルタントが利益配分を受けられるようなインセンティブ計画を発表した。

(j) エナジードリンク会社のレッドブル（Red Bull）は、オリジナル製品をより大きなパッケージで販売することを企画した。

3.9 ある企業幹部が自社の経営資源やケイパビリティを分析したところ、どれも

希少性を持たないという結論にいたった。この企業が市場において効果的に競争を展開していくために今後取り組むべきことは何か。具体例を交えてアドバイスせよ。

3.10 2つの企業を自由に選び、それぞれのバリューチェーンを図示せよ。また、両社のバリューチェーンを比較し、潜在的な競争優位の源泉があれば挙げよ。さらに、それがなぜ競争優位の源泉となり得るかを具体例を交えて説明せよ。

1 www.Google.com; Vise, D., and M. Malseed (2005). The Google Story. NY: Bantam; //Wikipedia/history-of-internet-search-engines. Retrieved July 5, 2013; "Google's Ad Revenues Hit $19 Billion," *Adweek*, July 28, 2016, retrieved November 10, 2016; "YouTube Earnt $9 Bn in Revenue Last Year," *Music Business World*, January 5, 2016, Retrieved November 10, 2016; Sikka, P. "Must Know: Why did Google Sell Its Motorola Business to Lenovo?" *Market Realist*, March 11, 2014, Retrieved November.

2 「リソース・ベースト・ビュー」という用語は、次の文献において初めて生み出された。Wernerfelt, B. (1984). "A resource-based view of the firm." *Strategic Management Journal*, 5, pp. 171–180. この理論の草創期に重要な貢献をした文献には、以下のようなものがある。Rumelt, R. P. (1984). "Toward a strategic theory of the firm." In R. Lamb (ed.), *Competitive strategic management* (pp. 556–570). Upper Saddle River, NJ: Prentice Hall; およびBarney, J. B. (1986). "Strategic factor markets: Expectations, luck and business strategy." *Management Science*, 32, pp. 1512–1514. リソース・ベーストの初期における重要な理論的研究の第2陣としては、以下のようなものがある。Barney, J. B. (1991). "Firm resources and sustained competitive advantage." *Journal of Management*, 7, pp. 49–64; Dierickx, I., and K. Cool (1989). "Asset stock accumulation and sustainability of competitive advantage." *Management Science*, 35, pp. 1504–1511; Conner, K. R. (1991). "A historical comparison of resource-based theory and five schools of thought within industrial organization economics: Do we have a new theory of the firm?" *Journal of Management*, 17(1), pp. 121–154; およびPeteraf, M. A. (1993). "The cornerstones of competitive advantage: A resource-based view." *Strategic Management Journal*, 14, pp. 179–191. 初期に行われたこうした理論研究の文献レビューについては、次を参照のこと。Mahoney, J. T., and J. R. Pandian (1992). "The resource-based view within the conversation of strategic management." *Strategic Management Journal*, 13, pp. 363–380. リソース・ベースト・ビューという理論的視点の実証性を検証する研究も増えてきた。そうした実証研究には以下のようなものがある。Brush, T. H., and K. W. Artz (1999). "Toward a contingent resource-based theory." *Strategic Management Journal*, 20, pp. 223–250; Marcus, A., and D. Geffen (1998). "The dialectics of competency acquisition." *Strategic Management Journal*, 19, pp. 1145–1168; Brush, T. H., P. Bromiley, and M. Hendrickx (1999). "The relative influence of industry and corporation on business segment performance." *Strategic Management Journal*, 20, pp. 519–547; Yeoh, P.-L., and K. Roth (1999). "An empirical analysis of sustained advantage in the U.S. pharmaceutical industry." *Strategic Management Journal*, 20, pp. 637–653; Roberts, P. (1999). "Product innovation, product market competition and persistent profitability in the U.S. pharmaceutical industry." *Strategic Management Journal*, 20, pp. 655–670; Gulati, R. (1999). "Network location and learning." *Strategic Management Journal*, 20, pp. 397–420; Lorenzoni, G., and A. Lipparini (1999). "The leveraging of interfirm relationships as a distinctive organizational capability." *Strategic Management Journal*, 20, pp. 317–338; Majumdar, S. (1998). "On the utilization of resources." *Strategic Management Journal*, 19(9), pp. 809–831; Makadok, R. (1997). "Do inter-firm differences in capabilities affect strategic pricing dynamics?" *Academy of Management Proceedings '97*, pp. 30–34; Silverman, B. S., J. A. Nickerson, and J. Freeman (1997). "Profitability, transactional alignment, and organizational mortality in the U.S. trucking industry." *Strategic Management Journal*, 18 (Summer special issue), pp. 31–52; Powell, T.

C., and A. Dent-Micallef (1997). "Information technology as competitive advantage." *Strategic Management Journal*, 18(5), pp. 375–405; Miller, D., and J. Shamsie (1996). "The Resource based view of the firm in two environments." *Academy of Management Journal*, 39(3), pp. 519–543; and Maijoor, S., and A. Van Witteloostuijn (1996). "An empirical test of the resource-based theory." *Strategic Management Journal*, 17, pp. 549–569; Barnett, W. P., H. R. Greve, and D. Y. Park (1994). "An evolutionary model of organizational performance." *Strategic Management Journal*, 15 (Winter special issue), pp. 11–28; Levinthal, D., and J. Myatt (1994). "Co-evolution of capabilities and industry: The evolution of mutual fund processing." *Strategic Management Journal*, 17, pp. 45–62; Henderson, R., and I. Cockburn (1994). "Measuring competence? Exploring firm effects in pharmaceutical research." *Strategic Management Journal*, 15, pp. 63–84; Pisano, G. P. (1994). "Knowledge, integration, and the locus of learning: An empirical analysis of process development." *Strategic Management Journal*, 15, pp. 85–100; および Zajac, E. J., and J. D. Westphal (1994). "The costs and benefits of managerial incentives and monitoring in large U.S. corporations: When is more not better?" *Strategic Management Journal*, 15, pp. 121–142.

3　ウォルマートについては Ghemawat, P. (1986). "Wal-Mart stores' discount operations." Harvard Business School Case No. 9-387-018 を、L.L. ビーンについては Kupfer, A. (1991). "The champion of cheap clones." *Fortune*, September 23, pp. 115–120; および Holder, D. (1989). "L. L. Bean, Inc. — 1974." Harvard Business School Case No. 9-676-014 を参照のこと。国際的な買収をはじめとしたウォルマートの最近の動向については、Laing, J. R. (1999). "Blimey! Wal-Mart." *Barron's*, 79, p. 14 に記述されている。90年代の L.L. ビーンの停滞と同社の再生計画については、Symonds, W. (1998). "Paddling harder at L. L. Bean." *Business Week*, December 7, p. 72 に記述されている。

4　企業における人的資本の重要性について初期に論じたものとしては、Becker, G. S. (1964). *Human capital.* New York: Columbia University Press（邦訳『人的資本』佐野陽子訳、東洋経済新報社、1976年）を参照。

5　Heskett, J. L., and R. H. Hallowell (1993). "Southwest Airlines: 1993 (A)." Harvard Business School Case No. 9-695-023.

6　Ricardo, D. (1817). *Principles of political economy and taxation.* London: J. Murray.（邦訳『経済学および課税の原理』羽鳥卓也ほか訳、岩波書店、1987年）

7　Barney, J. (1991). "Firm resources and sustained competitive advantage." *Journal of Management*, 17, pp. 99–120 を参照。

8　ソニーについての議論は、Schlender, B. R. (1992). "How Sony keeps the magic going." *Fortune*, February 24, pp. 75–84 および、作者不詳 (1999). "The weakling kicks back." *The Economist*, July 3, p. 46 を参照のこと。また、Krogh, L., J. Praeger, D. Sorenson, and J. Tomlinson (1988). "How 3M evaluates its R&D programs." *Research Technology Management*, 31, pp. 10–14 を参照。

9　Anders, G. (2002). "AOL's true believers." Fast Company, July pp. 96+; Karnitschnig, M. (2006). "That's all, folks: After years of pushing synergy, Time Warner, Inc. says enough." *The Wall Street Journal*, June 2, A1+; www.cnbc.com/2009/12/29/top-ten-best-(andworst)-mergersof-all-time (accessed January 6, 2017).

10　"AIDS in Africa." *British Medical Journal*, June 1, p. 456; Friedman, J. S. (2003). "Paying for apartheid." *Nation*, June 6, pp. 7+; Lee, L. (2000). "Can Nike still do it?" *BusinessWeek*, February 21, pp. 121+.

11　Grant, R. M. (1991). *Contemporary strategy analysis*. Cambridge, MA: Basil Blackwellを参照。

12　Miller, J., and Shales, T. (2011) *ESPN: These guys have all the fun*. NY: Little Brownを参照。

13　Steinberg, D. (2013). "ESPN strives to maintain its lead as competition heats up." Variety. com/2013/tv/news. Accessed January 6, 2017を参照。また、ESPNにとっては近年におけるケーブルチャンネルの「脱バンドル化」も脅威である。ESPNは現在、ESPNを普段視聴しないケーブルテレビユーザーからも料金収入を得ることができている。脱バンドル化や「コード・カッティング」が進めば、消費者は実際に視聴するコンテンツのみに対して料金を支払うことになる。こうした動きを受け、ESPNは2015年に全社にわたって4%の人員削減を行った。sportsbusinessdaily.com/Journal/Issues/2015/10/26/Media/ESPN. Accessed January 9, 2017を参照。

14　Lipman, S., and R. Rumelt (1982). "Uncertain imitability: An analysis of interfirm differences in efficiency under competition." *Bell Journal of Economics*, 13, pp. 418–438; Barney, J. B. (1986). "Strategic factor markets: Expectations, luck and business strategy." *Management Science*, 32, pp. 1512–1514; およびBarney, J. B. (1986). "Organizational culture:　Can it be a source of sustained competitive advantage?" *Academy of Management Review*, 11, pp. 656–665.

15　ここで提示した持続的競争優位の定義は、第1章で提示した定義とは異なるものの、第1章の定義と整合性は保たれている点に注目してほしい。すなわち、競争優位を長い期間にわたって持続させる企業（第1章の定義）は、模倣による対抗を受けても競争優位を失うことはない（第3章の定義）。

16　こうした模倣コストについての説明は、最初に以下の文献により展開された。Dierickx, I., and K. Cool (1989). "Asset stock accumulation and sustainability of competitive advantage." *Management Science*, 35, pp. 1504–1511; Barney, J. B. (1991). "Firm resources and sustained competitive advantage." *Journal of Management*, 7, pp. 49–64; Mahoney, J. T., and J. R. Pandian (1992). "The resource-based view within the conversation of strategic management." *Strategic Management Journal*, 13, pp. 363–380; およびPeteraf, M. A. (1993). "The cornerstones of competitive advantage: A resource-based view." *Strategic Management Journal*, 14, pp. 179–191.

17　Dierickx, I., and K. Cool (1989). "Asset stock accumulation and sustainability of competitive advantage." *Management Science*, 35, pp. 1504–1511. 経済学の分野で、競争の結果を規定する際に歴史的要因が果たす役割については、Arthur, W. B. (1989). "Competing technologies, increasing returns, and lock-in by historical events." *Economic Journal*, 99, pp. 116–131によって最初に検討された。

18　この用語は、最初にArthur, W. B. (1989). "Competing technologies, increasing returns, and lock-in by historical events." *Economic Journal*, 99, pp. 116–131によって提起された。経路依存性の良い例は、シリコンバレーの発展である。スタンフォード大学と数社の企業が草創期において築き上げた組織のネットワークは、現在もエレクトロニクス産業の多くのセグメントにおいて中心的な役割を果たしている。Alley, J. (1997). "The heart of Silicon Valley." *Fortune*, July 7, pp. 86+を参照。

19　Reed, R., and R. J. DeFillippi (1990). "Causal ambiguity, barriers to imitation, and sustainable competitive advantage." *Academy of Management Review*, 15(1), pp. 88–102 によれば、企業の競争優位の源泉についての因果関係不明性が持続的競争優位の源泉となるには、それが競合との間に存在しさえすればよいという。つまり、企業のマネジャーが自らの優位の源泉を十分に理解していても、因果関係不明性による競争優位は成り立ち得るという指摘である。だが、社員が企業から企業へと自由かつ頻繁に移動する状況では、競争優位の源泉についてのそうした特別な洞察を長期間1社で専有しておくことはできない。これが理由で、持続的競争優位の源泉としての因果関係不明性は、そうした優位性を獲得しようとする企業にとっても、それを模倣しようとする企業にとっても、同程度に因果関係が不明でなければならない。現実にウォルマートは自社の従業員を引き抜き、業務上の機密を盗んだとして、アマゾン・ドット・コムに対して訴えを起こした。Nelson, E. (1998). "Wal-Mart accuses Amazon.com of stealing its secrets in lawsuit." *The Wall Street Journal*, October 19, p. B10 を参照。特にインターネットが普及したいま、業務上の機密を保持することがいかに困難かについての議論は、Farnham, A. (1997). "How safe are your secrets?" *Fortune*, September 8, pp. 114+ を参照。業務上の機密保持に関連した国際的な次元での課題は、Robinson, E. (1998). "China spies target corporate America." *Fortune*, March 30, pp. 118+ で議論されている。

20 Itami, H. (1987). *Mobilizing invisible assets*. Cambridge, MA: Harvard University Press（邦訳、伊丹敬之著『新・経営戦略の論理』日本経済新聞社、1984年）

21 トップ経営陣のチームワークについては、Barney, J. B., and B. Tyler (1990). "The attributes of top management teams and sustained competitive advantage." In M. Lawless and L. Gomez-Mejia (eds.), *Managing the high technology firm* (pp. 33–48). Greenwich, CT: JAI Press を参照。組織文化については、Barney, J. B. (1986). "Organizational culture: Can it be a source of sustained competitive advantage?" *Academy of Management Review*, 11, pp. 656–665 を参照。また従業員間の人間関係については、Henderson, R. M., and I. Cockburn (1994). "Measuring competence? Exploring firm effects in pharmaceutical research." *Strategic Management Journal*, 15, pp. 63–84 を、そして顧客やサプライヤーとの関係については、Dyer, J. H., and H. Singh (1998). "The relational view: Cooperative strategy and sources of interorganizational competitive advantage." *Academy of Management Review*, 23(4), pp. 660–679 を参照のこと。

22 競争優位の源泉としての知識について、一般の経済雑誌での議論は、Stewart, T. (1995). "Getting real about brain power." *Fortune*, November 27, pp. 201+; Stewart, T. (1995). "Mapping corporate knowledge." *Fortune*, October 30, pp. 209+ を参照。同じ論点について学術的文献としては、Simonin, B. L. (1999). "Ambiguity and the process of knowledge transfer in strategic alliances." *Strategic Management Journal*, 20(7), pp. 595–623; Spender, J. C. (1996). "Making knowledge the basis of a dynamic theory of the firm." *Strategic Management Journal*, 17 (Winter special issue), pp. 109–122; Hatfield, D. D., J. P. Liebeskind, and T. C. Opler (1996). "The effects of corporate restructuring on aggregate industry specialization." *Strategic Management Journal*, 17, pp. 55–72; および Grant, R. M. (1996). "Toward a knowledge-based theory of the firm." *Strategic Management Journal*, 17 (Winter special issue), pp. 109–122 を参照。

23 Porras, J., and P. O. Berg (1978). "The impact of organizational development." *Academy of Management Review*, 3, pp. 249–266 は、社会的複雑性をいびる経営資源をシステマチックに変革しようとする取り組みが有効かどうかを実証しようとした数少ない研究の1つである。2人は、そうし

た取り組みは多くの場合効果がないことを示した。この調査はだいぶ以前のものであるが、現在の変革の手法が彼らが検証した変革の手法よりも効果的であるということはありそうもない。

24 経営陣のチームについては、Hambrick, D. (1987). "Top management teams: Key to strategic success." *California Management Review*, 30, pp. 88–108 を参照。また企業文化については、Barney, J. B. (1986). "Organizational culture: Can it be a source of sustained competitive advantage?" *Academy of Management Review*, 11, pp. 656–665, on culture; Porter, M. E. (1980). *Competitive strategy*. New York: Free Press を、顧客との関係については Klein, B., and K. Leffler (1981). "The role of market forces in assuring contractual performance." *Journal of Political Economy*, 89, pp. 615–641 を参照。

25 Harris, L. C., and E. Ogbonna (1999). "Developing a market oriented culture: A critical evaluation." *Journal of Management Studies*, 36(2), pp. 177–196 を参照。

26 Lieberman, M. B. (1987). "The learning curve, diffusion, and competitive strategy." *Strategic Management Journal*, 8, pp. 441–452 では、化学業界における模倣コストについての優れた分析がある。Lieberman, M. B., and D. B. Montgomery (1988). "First-mover advantages." *Strategic Management Journal*, 9, pp. 41–58 も参照のこと。

27 Rumelt, R. P. (1984). "Toward a strategic theory of the firm." In R. Lamb (ed.), *Competitive strategic management* (pp. 556–570). Upper Saddle River, NJ: Prentice Hall などは、模倣コストの源泉として特許を挙げている。

28 特定種類の製品に特許性があるかどうかについては盛んな議論が行われている。たとえば活字の書体は特許でない(著作権もない)が、その書体を表示するプロセスは特許になり得る。Thurm, S. (1998). "Copy this typeface? Court ruling counsels caution." *The Wall Street Journal*, July 15, pp. B1+ を参照。

29 Womack, J. P., D. I. Jones, and D. Roos (1990). *The machine that changed the world*. New York: Rawson; Huselid, M. (1995). "The impact of human resource management practices on turnover, productivity, and corporate financial performance." *Academy of Management Journal*, 38, pp. 635–672; Barney, J. B., and P. Wright (1998). "On becoming a strategic partner." *Human Resource Management*, 37, pp. 31–46.

30 これらの補完的資源についての洞察深い論考については、Amit, R., and P. J. H. Schoemaker (1993). "Strategic assets and organizational rent." *Strategic Management Journal*, 14(1), pp. 33–45 を参照。

31 See Tabuchi, H. (2012). How the tech parade passed Sony by. April 15, 2012. *New York Times*. http://www.nytimes.com/2012/04/15/technology/how-sony-fell-behindinthetechparade. Accessed January 27, 2014.

32 (2004). "Casio." *Marketing*, May 6, p. 95; Weisul, K. (2003). "When time is money—and art." *BusinessWeek*, July 21, p. 86.

33 とはいえ、サウスウエスト航空の強靭なケイパビリティも、ここ最近わずかながらほころびを

見せている。たとえば2016年には労使交渉が過熱した。労組側はCEOの退任を要求し、サウスウェスト航空の取締役会はこれを拒絶した（Colmetsch, C. "Southwest's Board Tells Union CEO Not Going Anywhere," www.bloomburg.com, August 6, 2016）。このことが、サウスウエスト航空の中核となる人的資源管理能力が減退しつつあることの兆候なのかはまだ不明だ。しかし、サウスウエスト航空がつまずきを見せていることは、他の航空会社にとっては希望の兆しと言えるだろう。

34　競争力学のこの側面については、Smith, K. G., C. M. Grimm, and M. J. Gannon (1992). *Dynamics of competitive strategy*. Newberry Park, CA: Sage で議論されている。

35　Schlender, B. R. (1992). "How Sony keeps the magic going." *Fortune*, February 24, pp. 75–84.

36　個人的なコミュニケーションによる。

37　たとえば次を参照。Peters, T., and R. Waterman (1982). *In search of excellence*. New York: Harper Collins; Collins, J., and J. Porras (1994). *Built to last*. New York: Harper Business; Collins, J. (2001). *Good to great*. New York: Harper Collins; and Bennis, W. G., and R. Townsend (2006). *Reinventing leadership*. New York: Harper Collins.

人名索引

企業・組織名索引

事項索引

著者

ジェイ B. バーニー
Jay B.Barney

ユタ大学経営大学院教授。エール大学で博士号を取得後、オハイオ州立大学経営学部フィッシャー・ビジネススクール企業戦略バンク・ワン・チェアーシップ教授などを経て、現職。経営戦略領域におけるリソース・ベースト・ビュー発展の原動力となった戦略理論家。1996年にはアメリカ経営学会の経営政策・戦略部会会長を務めた。経営学のトップジャーナルAMR、AMJ、AME、SMJ等に50を超える掲載論文。

ウィリアム S. ヘスタリー
William S. Hesterly

ユタ大学経営大学院教授。セオリー Zで知られるUCLAオオウチ教授の下で博士号を取得。専門は組織・戦略論。

訳者

岡田正大
Masahiro Okada

慶應義塾大学大学院経営管理研究科(慶應ビジネススクール)教授。早稲田大学政治経済学部政治学科卒。1985年本田技研工業㈱に入社。その後、慶應義塾大学にて経営学修士取得。Arthur D. Little(Japan)を経て、米Muse Associates社フェロー。1999年オハイオ州立大学バーニー教授の下で経営学博士号を取得し、慶應義塾大学大学院経営管理研究科准教授などを経て現職。

［新版］企業戦略論【上】基本編
──戦略経営と競争優位─

2021年12月7日　第1刷発行
2023年11月24日　第2刷発行

著　者──ジェイ B. バーニー、ウィリアム S. ヘスタリー
訳　者──岡田正大
発行所──ダイヤモンド社
　　　　〒150-8409　東京都渋谷区神宮前6-12-17
　　　　https://www.diamond.co.jp/
　　　　電話／03-5778-7228（編集）　03-5778-7240（販売）

装丁────竹内雄二
翻訳協力──森本伶
校正────朝日明美
製作進行──ダイヤモンド・グラフィック社
印刷────勇進印刷(本文)・新藤慶昌堂(カバー)
製本────ブックアート
編集担当──大坪亮

リソース・ベースト・ビュー(RBV)の第一人者ジェイ・バーニーによる戦略論の決定版！

欧米MBA校（ビジネススクール）で高評価の経営戦略論の教科書、最新版の翻訳です。

競争戦略論に、リソース・ベースト・ビュー（RBV：経営資源に基づく戦略論）を統合させた戦略論の決定版！ VRIOフレームワークはMBA生の理論学習にも実務家の戦略立案にも大いに役立ちます。

[新版] 企業戦略論
——戦略経営と競争優位——
【上】基本編・【中】事業戦略編・【下】全社戦略編
ジェイ B.バーニー、ウィリアム S.ヘスタリー [著]、岡田正大 [訳]

各巻共●A5判・上製●定価（本体2400円+税）

https://www.diamond.co.jp/